中青年经济与管理学者文库

本书受到河南省科技厅软科学项目（会计专项）"经济政策不确定性对企业绿色高质量发展的影响研究——以河南省制造业为例"（项目编号：252400412050），以及河南省哲学社会科学规划项目"公平视角下民营企业收入分配激发新质生产力提升的路径与效应研究"（项目编号：2024BJJ089）资助。

新型政商关系的收入分配效应及民营企业高质量发展

杨红娟　著

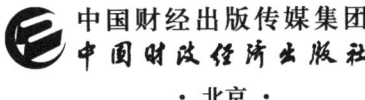

中国财经出版传媒集团
中国财政经济出版社

· 北京 ·

图书在版编目（CIP）数据

新型政商关系的收入分配效应及民营企业高质量发展 / 杨红娟著. -- 北京：中国财政经济出版社, 2025. 6.
(中青年经济与管理学者文库). -- ISBN 978-7-5223-3766-1

Ⅰ. F124.7；F279.245

中国国家版本馆CIP数据核字第2025MG9631号

责任编辑：马　真　　　　　　责任校对：张　凡
封面设计：智点创意　　　　　　责任印制：史大鹏

新型政商关系的收入分配效应及民营企业高质量发展
XINXING ZHENGSHANG GUANXI DE SHOURU FENPEI XIAOYING
JI MINYING QIYE GAOZHILIANG FAZHAN

中国财政经济出版社 出版

URL：http://www.cfeph.cn
E-mail：cfeph@cfeph.cn

（版权所有　翻印必究）

社址：北京市海淀区阜成路甲28号　邮政编码：100142
营销中心电话：010-88191522
天猫网店：中国财政经济出版社旗舰店
网址：https://zgczjjcbs.tmall.com
涿州汇美亿浓印刷有限公司印刷　各地新华书店经销
成品尺寸：147mm×210mm　32开　7.75印张　180 000字
2025年6月第1版　2025年6月河北第1次印刷
定价：40.00元
ISBN 978-7-5223-3766-1
（图书出现印装问题，本社负责调换，电话：010-88190548）
本社质量投诉电话：010-88190744
打击盗版举报热线：010-88191661　QQ：2242791300

策划人语

题记：一个人的精神成长史，取决于他的阅读史。只有阅读能最有效地培养精神生活习惯，而好的习惯又培养性格，性格决定人生。

——我们自豪，因为我们就是创造这精神产品的人。

选择了飞翔，总能看到蓝天；选择了远航，总能感受大海。人生不仅要作出选择，也要坚持住自己的选择。学会计、当编辑是我的意外选择。人说编辑是为人作嫁，可是这一选择我坚持了30年，苦在其中，乐在其中，也算是有声有色。每当我把一本本好书呈献给人们的时候，我觉得我是"富贵"的人：富，不是你身上的钱财，而是你心里的满足；贵，不是你地位的显赫，而是你被人需要的程度。

书海探寻，情怀永恒

我要说，做编辑我幸运，因为我不仅是第一个读者，可以对作品"品头论足"，也可以对作品"生杀予夺"；更重要的是，这是一个有很高层次的平台，在多年与名家的交往和名著的"对话"中，深深地为他们的人格和才学所感动，被作品的精彩所吸引，这不仅使我"下笔如有神"，更使我的思想和灵魂也受到一次次洗礼和震撼，得到一次次升华。对于我的作者我的书，如数家珍，作者中不乏才学和为人同样过人的多位泰斗和"颜值高责任大"的众多才子佳人；策划的作品不仅立足专业还兼顾人文，也是情怀所在，专业加人文路才会更宽更远。

多年的体会是，作为一名编辑，起码要"三心二意"，即"责任心、细心、耐心"和"服务意识、创新意识"。要多策划一些拳头产品，用一个选题推动一个系统工程，用一个系统工程培养一个出版社品牌。给新入职编辑讲座时我做过一个比喻：编辑两项基本功，审稿——甚至要比博导审批学生论文还要全面、细致；选题策划——要像电影导演一样做"星探"，善于发现优秀作者和挖掘好的原创作品。记不清30年来我策划和编辑了多少书，组织和策划了大批教材、业务培训用书、通俗读物、理论专著等，有的获得过国家、省部级各类奖项，有的以其填补空白、社会热点、风格新颖、开拓尝试等特点受到读者的欢迎。正是：

一入书门情似海，
探寻经典职责在。
苦辣酸甜何其乐，
编辑人生也精彩。

想是问题，做是答案

众所周知，目前的图书出版业在行业竞争和纸质图书受到严重冲击的情况下，出版人无不感到莫大的危机。在这种背景下，我们还要积极应对，完善纸质图书的固有特质，拓宽纸媒的功能，挖掘出版内容和形式都精彩的原创作品，适应新形势下读者的更高需求。2017年至今，在新的时代环境下不断出新，我又策划了多套系列丛书和单本图书，不乏名家著作、教材、学术专著和实务丛书等，继续为扶持学术研究和总结实践最新成果，在高端研究与专业知识普及和应用之间搭建一座座有益的桥梁。

每一个时代的经济环境不同，理论研究和实务探索所需要解决的问题也有所差别。当前我国处于新的历史时期，市场环境和组织模式不断演变发展、推陈出新，经济、管理、财税等领域的新理论、新思想、新方法、新工具也层出不穷。乱花渐欲迷人眼，击水三千浪几何？这些领域的研究人员被时代赋予了更艰巨的责任，也面临着更高、更多元的要求，我们不仅要具备更广阔的学术视野，而且要有更严谨的学术思维。

输在犹豫，赢在行动

《中青年经济与管理学者文库》的作者，都是我国经济与管理领域的中坚力量，也是未来的大家。他们中有些人潜心从事理论研究，有些人则深耕在实务一线，但无论现实身份如何，视野全都没有被拘泥在"象牙塔"内。他们从不同视角对市场经济的不同要素进行细致审视，然后汇聚于"财经版"这面旗帜之下，相互碰撞，彼此激荡，力求在市场经济转型升级的关键时期留下最新鲜的"中国印记"。

这些经济与管理领域的中青年学者，就是我国市场经济发展的潜力与优势，他们的研究成果，不仅将引领市场经济的各个组成环节向更科学、更先进的方向发展，而且将成为我国政府和企业在未来经济世界扮演更重要角色的支点与动力。祝愿这些中青年学者能攀上更高的学术之山，走向更远的研究之路，也期待宏观、中观、微观各个层面的市场参与者都能从这套文库中得到切实的启发与指引，在全面深化改革、增强发展活力的关键时期，发挥正能量和积极作用，为经济社会发展增添新的动力！——这也是我策划此套丛书的初衷。

作始也简，毕也必巨

2021年，是一个非凡之年，纵观世界风云，抗击疫情"风景这边独好"，"十四五"规划开局，我们喜迎建党百年。"其作始也简，其将毕也必巨。"从"开天辟地""改天换地"到"翻天覆地""惊天动地"，我们党经历了四个历史时期——救国大业、兴国大业、富国大业、强国大业，四件大事铸就了中国共产党百年辉煌。我们不禁感叹——风雨百年创辉煌，"天地"之间"有杆秤"。

2021年，还是一个纪念之年，出版社成立65周年和我从事编辑工作30周年。65年来，财经出版社始终坚持正确的舆论导向和鲜明的出版特色，努力为经济建设和财政工作服务，致力于为读者奉献经典作品，在中国财经出版传媒集团旗下发挥着更大的作用，取得更大的成就。作为一个有着20多年党龄的党员，我是生在新中国长在红旗下的幸运的一代，怀着对党无限的热爱和感恩，浓情做事、淡泊做人，用30年的情怀和坚守见证了出版业的转型，践行了编辑的天职，向党递交一份努力的答卷。

2017年策划出版《中青年经济与管理学者文库》至今已5年，得到了众多中青年学者的热烈响应与大力支持，文库诞生至今已囊括专著 60 余种,为中青年学者们提供了展示学术研究成果的平台,作者队伍不断壮大,作品陆续出版。如果您认可,如果您有意愿,欢迎您和您的朋友加盟我们的作者队伍!在中国财经出版传媒集团的"旗舰"下,中国财政经济出版社这"老字号",一定励精图治,谱写新的篇章。敬请关注"龙媒玉制新书坊"微信公众号,我们用"龙的精神,玉的品质"来助力您实现梦想!

策划人:樊清玉
邮箱:qingyuf@sina.com
2021 年 12 月 31 日

中国式现代化是共同富裕的现代化。共同富裕要求在高质量发展中兼顾"效率"和"公平"。推进共同富裕，既要做大做好"蛋糕"，更要切好分好"蛋糕"。也就是说"共富"既是"公平"问题也是"效率"问题。在我国构建的以初次分配、再分配和第三次分配为分配格局的制度安排下，初次分配是最为基础性的分配关系。目前，初次分配占我国居民收入比重的85%以上，主要解决的是生产资料所有者与劳动者的利益分配问题，以及不同劳动者群体间的分配问题。既有研究发现，在20世纪80年代后劳动收入份额下降已成为全球趋势。虽然我国劳动收入份额的下降趋势有所逆转，但总体仍低于世界平均水平，财产性收入份额在同期内一直处于上升趋势，劳动收入份额下降和企业内部不同劳动者群体之间薪酬差距被认为是收入差距扩大的重要因素。收入分配差距拉大，不仅不利于居民消费增长和经济平衡发展，还可能打破人际收入分配格局，进一步扩大贫富之间的差距，从而导致消费不足，甚至使我国陷入"中等收入陷阱"的潜在风险提高，严重影响我国可持续发展。

民营经济为我国经济的快速发展作出了巨大贡献,尤其是解决了我国 80% 以上的城镇劳动就业,其初次分配的合理性对我国共同富裕的目标实现举足轻重。然而,在我国的二元经济模式下,始终存在影响民营经济健康发展的体制性障碍:为获得各种"优惠"和"特权",民营企业热衷于与政府建立政治关联,这种政商关系虽然在一定程度上为政治关联企业带来了融资便利等好处,但更多的是利用"资本"绑架"权力",成为民营企业向政府寻租的一种手段,并会扭曲社会稀缺资源的有效配置。这种非正式政商关系产生的政治租金独享不仅加剧了民营企业劳动收入份额的下降速度,还通过权力极化导致企业内部薪酬差距加大。

如何破解由"资本"与"权力"冲突产生的资源配置扭曲,缓和劳资关系和不同劳动者之间的关系,实现初次分配的公平正义是转型过程中经济体面临的客观难题。"亲清"政商关系是全面从严治党背景下,习近平总书记对如何处理政府与企业、厘清权力和资本之间的关系与边界、通过构建高质量营商环境促进民营企业健康发展提出的新要求。然而,现有研究并没有考虑劳动收入分配公平这一重要因素。那么"亲清"政商关系能否促进企业做大"蛋糕"?能否促使民营企业在劳动者和资本、劳动者内部分好"蛋糕"?能否通过分好"蛋糕"进一步促进企业高质量发展?本书利用聂辉华等(2017—2020)构建的涵盖中国 285 个城市新型政商关系量化指数,将"新型政商关系→民营企业业绩(做大'蛋糕')→企业内部收入分配(分好'蛋糕')→全要素生产率(高质量发展)"纳入同一个分析框架,研究"亲清"政商关系如何促进民营企业收入分配公平及高质量发展。

本书发现，新型政商关系能够促进企业财务资源、社会资本、信息资源、技术资源等关键资源的获取，有效解决了民营企业技术创新中的资源约束问题，从而促进企业业绩提升。而上述影响主要存在于受资源约束较强、未建立政治关联以及存在多个大股东的企业。新型政商关系通过缓解企业债务融资约束、促进劳动力结构升级、降低市场垄断以及保障劳动者权益等路径提升企业劳动收入份额，这一影响对在面临企业较高的不确定性环境时的非政治关联企业更为显著。新型政商关系通过破除"资本权力化"和"权力资本化"问题，有效地抑制民营企业通过寻租形成的官员高薪和政治资源构建的权力薪酬，使企业高管—员工薪酬差距缩小，这在企业外部监督环境较为薄弱的企业中尤为明显。劳动收入份额上升造成企业用工成本上升，降低全要素生产率；高管—员工薪酬差距拉大会激发员工不公平感和不满情绪，导致劳动积极性下降，降低全要素生产率。新型政商关系带来的"资源效应"会缓解劳动收入份额对全要素生产率的"成本效应"，减轻劳动收入份额上升对全要素生产率的负面影响；同时，新型政商关系通过影响企业员工对社会公平、正义的认同感，增进对不公平的厌恶感，加剧了高管—员工薪酬差距对全要素生产率的负面作用。进一步研究发现，政策不确定性会加剧劳动收入份额提升对全要素生产率的"成本效应"，但会减轻高管—员工薪酬差距对全要素生产率的负面作用；而高质量的内部控制会缓解劳动收入份额提升对全要素生产率的"成本效应"，但会减轻高管—员工薪酬差距对全要素生产率的负面作用。

以上研究发现，构建"亲而有度、清而有为"的政商关系不仅能够提升民营企业业绩（做大"蛋糕"），也能促进民营企业内部收入分配公平化（分好"蛋糕"），并进一步在促进收入公平分配和企业高质量发展过程中发挥积极作用。因此，新型政商关系的构建能够缓解资本与权力的冲突及企业内部劳动者不同群体间的冲突，推动民营企业平衡社会利益和经济利益，实现员工利益分享与企业发展相协调的目标。因此，在我国出口受阻、投资拉动经济乏力，力求通过消费拉动内需的宏观背景下，应进一步推动新型政商关系的构建，纠正扭曲的政商关系，发挥新型政商关系对收入分配公平的治理作用。新型政商关系的构建在企业面临不确定性环境时更有利于劳动收入份额提升和企业高质量发展，这对我国通过优化营商环境应对复杂多变的外部环境提供了现实路径。新型政商关系更有益于非政治关联企业业绩和劳动收入份额提升的发现，有助于我们看到有为政府公平、公正地服务民营企业的决心。新型政商关系作为一种"软"制度环境，能够和其他公司治理机制形成互补或替代作用。

本书从厘清政府与企业的边界，划清权力与资本界限的视角为促进民营企业实现经营"效率"与分配"公平"的统一，以及在高质量发展中实现共同富裕提供了经验证据和现实路径。更为重要的是，本书坚定了政府积极推动新型政商关系构建，优化营商环境，提升民营企业经济活力，在推动企业高质量发展中实现共同富裕的伟大目标的战略正确性。

第1章	导论	（1）
1.1	研究背景及意义	（1）
1.2	研究内容与基本框架	（8）
1.3	研究方法与创新点	（13）
第2章	文献综述与理论基础	（17）
2.1	文献综述	（17）
2.2	收入分配相关理论	（41）
2.3	政商关系影响企业收入分配相关理论	（48）
2.4	基本理论框架	（50）
第3章	新型政商关系与企业业绩	（53）
3.1	理论分析与研究假设	（56）
3.2	新型政商关系影响企业业绩的机制分析	（61）
3.3	研究设计	（62）
3.4	实证结果及分析	（65）
3.5	新型政商关系促进民营企业业绩提升的机制检验	（71）

3.6 进一步分析 …………………………………………………（74）
3.7 本章小结 …………………………………………………（79）

第 4 章 新型政商关系与民营企业劳动收入份额 ………………（81）
4.1 理论分析与研究假说 ……………………………………（85）
4.2 研究设计 …………………………………………………（92）
4.3 实证结果分析 ……………………………………………（95）
4.4 影响机制检验 ……………………………………………（101）
4.5 异质性分析 ………………………………………………（109）
4.6 本章小结 …………………………………………………（111）

第 5 章 新型政商关系与民营企业内部薪酬差距 ………………（114）
5.1 理论分析与研究假设 ……………………………………（117）
5.2 研究设计 …………………………………………………（121）
5.3 实证结果分析 ……………………………………………（124）
5.4 影响机制分析 ……………………………………………（130）
5.5 进一步分析 ………………………………………………（134）
5.6 本章小结 …………………………………………………（139）

第 6 章 新型政商关系在收入分配促进民营企业高质量发展中的调节效应 ………………………………………………（141）
6.1 理论分析与研究假设 ……………………………………（143）
6.2 研究设计 …………………………………………………（150）
6.3 实证结果分析 ……………………………………………（154）
6.4 异质性分析 ………………………………………………（166）
6.5 本章小结 …………………………………………………（170）

第 7 章 研究结论、政策启示及展望 ……………………………（174）
7.1 主要研究结论 ……………………………………………（174）

7.2 研究启示 …………………………………………（176）
7.3 研究展望 …………………………………………（179）
参考文献 ……………………………………………（181）
后　记 ………………………………………………（227）

导 论

1.1 研究背景及意义

1.1.1 研究背景

中国式现代化是共同富裕的现代化。实现共同富裕需要在高质量发展中同时兼顾"效率"与"公平"。即，要做大、做好"蛋糕"，也要切好、分好"蛋糕"。也就是说"共富"既是"公平"问题也是"效率"问题。在我国构建的包括初次分配、再分配和第三次分配的分配格局这一制度安排下，初次分配是更为基础性的分配关系。目前，初次分配占我国居民收入比重的85%以上，主要解决的是生产资料所有者与劳动者的利益分配问题，以及不同劳动者群体间的分配问题。劳动收入份额反映了劳动者共享经济发展成果的多寡，对我国国民收入分配格局有着基础性影响，是衡量共同富裕程度的重要指标。提高劳动收入份额是保证全体人民分享经济发展成果的重要机制（施新政等，2019）。全体人民共享经济社会发展成果和缩小劳动者收入差距是实现我国共同富裕目标的关键（李实和朱梦冰，2022）。改革开放40多年来，我国奉行"效率优先"的收入分配政策，鼓励一部分人"先富"，有效地促进了经济的快速增长。然而伴随着我国经济由短缺经济转变为过剩经济，劳动收入分配过低和收入分配差距过大已成为我国当前面临的严峻问题。由国家统计局公布的数据可知，2003—2022年，中国基尼系数由0.479降到0.466。20世纪80年代后劳动收入份额下降已成为全球趋势（文雁兵和陆雪琴，2018），1980—2011年，世界主要经济体的劳动收入份额从64%下降到了59%，且整体仍然呈现持续下降趋势（Karabarbounis和Neiman，2013）。我国劳动收入份额从1978年的50%左右下降到2008年的45%左右，2008年国际金融危机之后，外部出口需求和内部要素结构的双重变化导致这一趋势有所逆转，由2008年的45%上升到2020年的55.7%，但总体仍低于世界平均水平（刘长庚和柏园杰，2022；刘亚琳等，2018）。财产性收入份额在同期内一直处于上升趋势，从2.5%提高到8.7%。已有研究发现，劳动收入份额下降已成为劳动者个体收入分配差距拉大的主要原因之一（李实，2007；刘国光，2008）。低劳动收入份额使劳动者未能充分分享经济发展的成果，不仅不利于居民消费增长和经济平衡发展（Piketty，2003；Autor等，2020），还可能恶化收入分配格局，进一步扩大贫富差距（Daudey和Garcia – Peanlosa，2007），从而导致消费不足、劳资关系冲突，甚至使我国陷入"中等收入陷阱"的潜在风险提高，严重影响我国可持续发展。尤其是我国当前正陷入中美贸易摩擦的旋涡，出口受阻以及投资拉动经济乏力的情形下，通过提高劳动收入份额来拉动内需已迫在眉睫。2012年国务院批准的《收入分配改革方案》，要求"初次分配和再分配都要兼顾效率与公平；着重提高居民户收入在国民收入分配中的比重，劳动报酬在初次分配中的比重"。党的十九大报告指出，"坚持在经济增长的同时实现居民收入同步增长、在劳动生产率提高的同时实现劳动报酬同步提高"。党的二十大报告又一次指出，"分配制度是促进共同富裕的基础性制度。坚持按劳分配为主体、多种分配方式并存，构建初次分配、再分配、第三次分配协调配套的制度体系。努力提高居民收入在国民收入分配中的比重，提高劳动报酬在初次分配中的比重"。而我国现阶段社会主要矛盾中的"不平衡、不充分"也突出表现在人与资本之间的矛盾，即"分得不好"矛盾。

作为宏观经济的微观主体，企业内部不同劳动者之间的薪酬差距拉大是分配不公平的重要原因之一（Chen等，2014；方芳和李实，2015），企业内部这种不公平则主要体现在高管与普通员工之间的薪酬差距拉大。德勤管理咨询（上海）有限公司发布的《2018—2019年度中国A股上市公司高管薪酬及长期激励调研报告》显示，2018年中国A股上市公司高管—员工的平均薪酬差距达到9.74倍，较2016年和2017年均有所提高。国有企业向来具有平均主义偏好，政府可以通过"限薪令"① 等行政干预手段对高

---

① 我国《中华人民共和国国民经济和社会发展第十四个五年规划和2035年远景目标纲要》将"坚持人民主体地位，坚持共同富裕方向"作为经济社会发展必须遵循的原则，并明确提出，"十四五"期间"全体人民共同富裕迈出坚实步伐"，到2035年，"人民生活更加美好，人的全面发展、全体人民共同富裕取得更为明显的实质性进展"。对此，党和政府相继出台了一系列政策，旨在改善收入分配问题：2009年9月，人社部等五部委联合下发《关于进一步规范中央企业负责人薪酬管理的指导意见》，对央企高管年薪与普通员工年薪差距不超过20倍的上限做了原则性限制；要求央企高管薪酬不得超过上一年度在岗职工平均工资的20倍；2014年8月，中共中央政治局审议通过的《中央管理企业负责人薪酬制度改革方案》，又将国企高管与员工薪酬差距的上限缩小到8倍（孔东民等，2017）。"限薪令"通过行政干预手段缩小央企内部的高管与员工的薪酬差距，对促进央企内部共同富裕具有重要的意义。

管薪酬进行管制（陈冬华等，2005），高管与员工的薪酬差距一直不大（林浚清等，2003）。而以资本为中心的民营企业缺乏强制性约束，且高管"自主设定、自主通过"薪酬方案的内部治理缺陷也没有得到根本性改善。民营企业高管"天价薪酬"是当前普遍存在的问题。

改革开放以来，中国经济发展举世瞩目，民营经济从小到大、由弱变强，为我国经济的快速发展作出了巨大贡献。民营企业数量从2012年底的1085.7万户增长到2022年的4701.1万户，10年内翻了两番多，民营企业数量占比由79.4%提高到93.3%。不仅如此，民营经济以不到30%的土地矿产资源、不到40%的金融资源，为中国经济贡献了50%以上的税收、70%以上的技术创新成果、80%以上的城镇劳动就业以及100%的城镇新增就业，在国家级专精特新"小巨人"企业中的占比更是超过80%。而作为"先富起来"的民营企业家群体，是实现共同富裕的重要力量。然而，在我国的二元经济模式中，始终存在影响民营经济健康发展的体制性因素。民营企业长期反映市场准入难、融资难及维权难；在垄断行业、有关基础设施和公共服务等方面投资受限，在市场竞争、要素索取及权益保护方面面临不公平待遇，以上各种"弹簧门""玻璃门""旋转门"形成的"亲而不清"的政商关系严重挫伤了民营企业发展的积极性。为获得各种"优惠"和"特权"，民营企业热衷于通过与政府建立政治关联（罗党论和黄琼宇，2008；吴文锋等，2008；余明桂和潘红波，2008；杜兴强等，2010），这种政商关系虽然在一定程度上为政治关联企业带来融资便利（罗党论和甄丽明，2008；唐建新等，2011）、税收优惠（吴文锋等，2009）、政府补贴（郭剑花和杜兴强，2011；余明桂等，2010）等好处。但更多的研究发现其是利用资本绑架权力,是民营企业向政府寻租的一种手段,并会扭曲整个社会稀缺资源的有效配置(Charumilind 等,2006;Claessens 等,2008;何德旭和周中胜,2011)。尤其是这种"亲而不清"的政商关系产生的政治租金独享不仅加剧了民营企业劳动收入份额的下降(魏下海等,2013),还通过权力极化导致企业内部薪酬差距加大(杜兴强等,2013)。

如何破解由"权力"与"资本"冲突产生的资源配置扭曲,缓和劳资关系以及破解非正式政商关系导致的权力极化和代理冲突,缩小管理层与员工的薪酬差距,实现初次分配的分配公平正义是转型经济体面临的客观难题。"亲清"政商关系是全面从严治党背景下,习近平总书记对如何处理政府与企业、权力和资本之间的关系与边界,通过构建高质量营商环境,促进民营企业健康发展提出的新要求。已有研究从创新激励效应(管考磊,2019;周俊等,2020;杨兰品和孙孟鸽,2020);引导民营企业履行社会责任(江炎骏和许德友,2020),提高财务业绩稳健性(魏江等,2021),提高投资效率(庄旭东和张翼飞,2021)等方面证实了新型政商关系的治理作用,然而现有研究并未涉及劳动者收入分配公平方面。在我国经济通过实现共同富裕促进民营企业高质量发展的宏观背景下,研究新型政商关系对民营企业内部收入分配公平的影响,进而实现共同富裕和企业高质量发展具有极其重要的理论意义与现实意义。

1.1.2 研究意义

第一,丰富了新兴市场国家政府与市场关系方面的研究,为政府通过制度建设促进民营企业内部收入分配公平和高质量发展提供有力支撑。在实践中,政府虽然希望在促进民营企业内部收入分配公平及高质量发展中发挥重要作用,但已有研究并未涉及新兴市场政府能否通过制度建设促进民营企业内部收入分配公平。本书通过新型政商关系这一"软的制度"供给,考察了划清"资本"和"权力"的界限,对民营企业内部收入分配公平及高质量发展的影响,揭示了新型政商关系如何作用于民营企业内部收入分配及全要素生产率的内在机制,从收入分配公平及高质量发展视角评价了新型政商关系的经济后果,从而丰富了政府与市场关系理论方面的研究。

第二,拓展了政商关系、民营企业收入分配和全要素生产率研究领域的相关文献,以及新制度主义理论的应用范围。毋庸置疑,有关政商关系的研究并不少见,但鲜有文献考察其对民营企业收入分配的影响以及如何进一步影响企业高质量发展。本书建立的"政商关系(制度)→收入分配(选择)→全要素生产率(经济和社会结果)"的分析框架是对新制度主义理论的应用范围进一步拓展。

第三,从经验数据角度论证了新型政商关系能够同时促进民营企业经营效益提高和利益共享,实现"效率"与"公平"的统一。纠正了"公平"影响"效率"的错误认识。党的十一届三中全会以来,按照"初次分配强调效率,再分配强调公平"的主导原则,我国逐步建立起以按劳分配为主体、多种分配方式并存的中国特色社会主义收入分配制度。在我国特色社会主义市场经济建设过程中,"效率优先"的分配理念在很长一段时间激发了劳动者及生产要素所有者的积极性,推动了经济增长。但随着我国经济飞速发展,收入分配矛盾逐渐凸显。我国现阶段社会主要矛盾中的"不平衡、不充分"也突出地表现在人与资本之间的矛盾、劳动者内部薪酬差距的矛盾,即"分得不好"矛盾。自党的十八大报告提出"初次分配和再分配都要兼顾效率和公平,再分配更加注重公平"的改革思路，到党的十九大报告再次明确"坚持在经济增长的同时实现居民收入同步增长、在劳动生产率提高的同时实现劳动报酬同步提高"以来，其核心内涵，就是在初次分配中坚持"效率"和"公平"的辩证统一。本章通过"新型政商关系→业绩增长（做大'蛋糕'）→劳动收入份额提升（分好'蛋糕'）→内部薪酬差距缩小（分好'蛋糕'）→促进企业高质量发展（提质增效）"的逻辑验证了新型政商关系促进企业分配"效率"和"公平"的辩证统一关系。

第四，本书对通过外部制度设计激发民营企业活力，破解由"资本"与"权力"冲突产生的资源配置扭曲，缓和劳资关系和不同层级劳动者之间的矛盾，实现初次分配的公平正义和促进企业高质量发展具有重要的政策启示作用。研究结论说明，构建"亲而有度、清而有为"的政商关系对促进民营企业内部收入分配公平和高质量发展具有重要的政策意义。新型政商关系通过划清"资本"和"权力"的界限，一方面提高了民营企业的融资能力，进而促进企业创新、劳动力结构升级、降低企业垄断程度以及提高区域最低工资标准、劳动收入份额；另一方面，防止了政府与企业交往中因为"权力资本化"和"资本权力化"造成的高管—员工薪酬差距拉大。此外，在收入分配公平促进企业高质量发展中，亲清政商关系能够通过缓解企业劳动收入份额上升导致的资金压力，从而抑制劳动收入份额上升的负面作用；而新型政商关系通过影响企业员工对社会公平、正义的认同感，增加对不公平的厌恶感，加剧了高管—员工薪酬差距对全要素生产率的负面作用。将"新型政商关系—民营企业业绩—企业内部收入分配—企业高质量发展"纳入同一个分析框架，坚定了政府积极推动新型政商关系构建，优化营商环境，提升民营企业经济活力，在推动企业高质量发展中实现共同富裕的伟大目标的战略正确性。

1.2 研究内容与基本框架

1.2.1 研究思路与内容

在梳理现有文献的基础上,按照共同富裕的"增长"和"分配"两大要素,拓展企业收入分配理论,遵循"业绩增长(做大'蛋糕')→劳动收入份额提升(分好'蛋糕')→内部薪酬差距缩小(分好'蛋糕')→企业发展质量提升(提质增效)"的逻辑,探究新型政商关系对促进民营企业收入分配公平及企业高质量发展的影响。具体的研究思路为:构建理论框架—描述统计事实—实证检验分析—提出政策建议。第一,理论研究部分。借鉴文雁兵和陆雪琴(2018)的函数设定,从"市场竞争机制"和"制度质量机制"双因素驱动企业业绩增长和劳动收入份额提升的逻辑,分析新型政商关系如何促进企业做大"蛋糕"和分好"蛋糕";企业内部劳动收入份额的提升体现了资本与劳动的分配关系,考虑到劳动收入份额的再分配,即劳动者内部薪酬差距缩小是推进共同富裕的最终目标,将研究视角拓展到微观企业内部高管—员工薪酬差距。最后,依据罗伯特·M.索洛于20世纪50年代提出的主要以创新驱动的高质量发展指标——全要素生产率,分析提高劳动收入份额和缩小内部薪酬差距对企业高质量发展的影响,以及新型政商关系对以上两者关系的调节作用。第二,经验研究部分。本书涉及的基础财务数据、公司治理数据以及区域经济发展数据均来源于国泰安（CSMAR）数据库，以及《中国城市政商关系评价报告（2017—2020）》。其中，涉及的市级月最低工资通过各地方统计局公布的最低工资标准经手工整理获得。政商关系利用聂辉华（2017—2020）等构建的涵盖中国 285 个城市的 2017—2020 年的城市新型政商关系指数衡量。该指数对所有指标进行了正向化、标准化处理，指标的分值均位于 0—100 分。劳动收入份额依据其具体内涵利用企业的财务报表项目构造了两种度量方法。第三，实证检验部分。秉承理论研究的逻辑思路，使用多元回归计量模型依次检验以下理论假说：一是通过面板数据的行业和时间双固定效应回归检验新型政商关系能否促进业绩增长（做大"蛋糕"）及其传导机制，并进一步考察新型政商关系与其他治理机制之间的协同关系和替代关系。二是检验新型政商关系能否促进企业劳动收入份额提升（劳动与资本之间分好"蛋糕"）及其传导机制，并从外部环境不确定性、政治关联等视角分析新型政商关系对劳动收入份额的异质性影响。三是检验新型政商关系能否促进企业内部高管—员工薪酬差距降低（劳动—劳动之间分好"蛋糕"）及其传导机制，并进一步分析上述关系存在的约束条件。四是检验新型政商关系在劳动收入份额、高管—员工薪酬差距在促进民营企业全要素生产率提升过程中的调节作用，明晰新型政商关系在"公平"促"效率"中的积极作用。第四，提出对策部分。通过总结前文的研究发现和结论，结合现实问题，分别从宏观制度和微观公司治理层面提出改善民营企业收入分配公平以及实现民营企业高质量的对策建议。围绕以上研究思路，研究内容分为 7 章，具体安排如下：

第 1 章 导论。导论部分首先阐述了论文的研究背景、理论意义与现实意义。其次介绍了研究思路、具体内容以及基本的逻辑框架。最后，归纳和总结了研究方法和研究创新点。

第 2 章 文献综述与理论基础。本章首先对国内外有关文献进行梳理与述评，提出现有文献的研究不足和本书可能的研究贡献。其次，结合研究主题，对涉及的相关理论进行归纳与总结。最后，从边际生产率理论、委托代理激励理论、锦标赛理论及行为理论等角度对收入分配理论进行分析和总结；同时，归纳总结政商关系影响企业收入分配相关理论，包括交易成本理论、寻租理论。

第 3 章 新型政商关系与企业业绩。本章以财务绩效为切入点，研究划清"权力"与"资本"的边界如何促进业绩提升，即做大"蛋糕"。研究发现，"亲清"政商关系有利于提升企业财务绩效。其内在机制在于新型政商关系通过促进企业财务资源、社会资本、信息资源、技术资源等企业发展的关键资源的获取，有效解决了民营企业在技术创新中的资源约束问题，从而促进企业业绩提升。本章从厘清政府与企业的边界，划清权力与资本界限的视角，分析了新型政商关系促进民营做大"蛋糕"的问题，这为我们进一步实现企业内部不同利益群体间的共同富裕奠定了基础。

第 4 章 新型政商关系与民营企业劳动收入份额。本章以劳资关系为切入点，研究"权力和资本边界"的划清如何促进劳资之间的收入分配合理化（分好"蛋糕"）。针对企业分好"蛋糕"，研究发现，建立在制度化、法治化基础上的平等、合作和互补的政商关系有助于提升企业劳动收入份额。其内在机制为新型政商关系通过缓解企业债务融资约束、促进劳动力结构升级、降低市场垄断以及保障劳动者权益等路径提升企业劳动收入份额。该研究从厘清政府与企业的边界，划清权力与资本界限，构建"亲清"新型政商关系的视角为促进民营企业实现经营效率与分配公平的统一，在

第1章 导　论

高质量发展中实现共同富裕提供了经验证据和现实路径。

第5章 新型政商关系与民营企业内部薪酬差距。本章以劳动者内部收入分配为切入点，研究划清"权力"和"资本"的界限如何促进高管—员工的收入分配合理化（分好"蛋糕"）。新型政商关系通过市场化、法治化建设有效地破除了"资本权力化"和"权力资本化"问题，有效抑制民营企业通过寻租形成的官员高薪和政治资源构建的权力薪酬的增长，使企业高管—员工薪酬差距缩小。本章从厘清政府与企业的边界，划清权力与资本界限的视角，分析了新型政商关系如何缩小高管—员工薪酬差距，对政府通过制度建设促进民营企业实现共同富裕具有重要的意义。

第6章 新型政商关系在收入分配促进民营企业高质量发展中的调节效应。本章将"新型政商关系—企业内部收入分配—企业高质量发展"纳入同一个分析框架，研究企业内部收入分配如何影响企业全要素生产率以及新型政商关系在以上两者之间的调节作用。探求如何通过企业内部公平分配促进企业高质量发展。研究发现，劳动收入份额与全要素生产率由于受到"成本效应"和"激励效应"的双重作用，呈"U"形关系，但"成本效应"占主导作用。高管—员工薪酬差距与全要素生产率由于受到"激励效应"和"公平效应"的双重作用，呈倒"U"形关系，但"公平效应"占主导作用。本章论证了企业内部收入分配如何促进企业高质量发展，验证了"公平"促"效率"的辩证统一关系，以及外部制度在上述两种关系中的积极作用，为政府进一步通过优化政商关系促进企业高质量发展提供了决策依据。

第7章 研究结论、政策启示及展望。本章主要概括全书的主要研究发现，并结合我国收入分配中的现实问题，分别从宏观制度建设及微观治理两个层面提出改善民营企业收入分配公平以及实现民营企业高质量的对策建议。同时,指出研究不足以及未来的研究展望。

1.2.2 技术路线

本书的技术路线如图1-1所示。

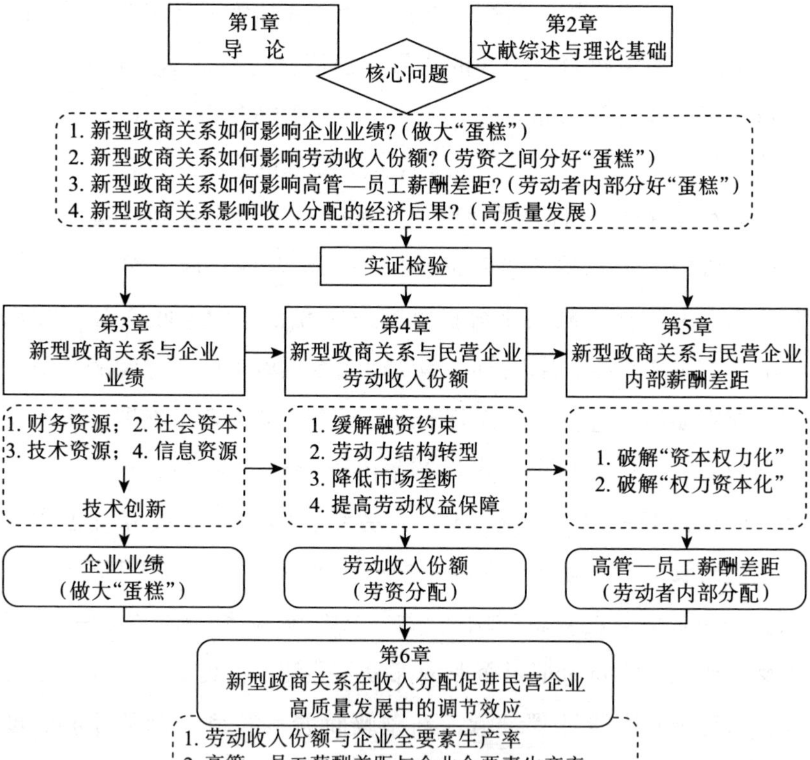

```
┌─────────────┐      ┌──────────────┐
│   第1章     │      │    第2章     │
│   导  论    │      │ 文献综述与理论基础│
└──────┬──────┘      └──────┬───────┘
       │   ◇核心问题◇        │
       └──────────┬──────────┘
┌──────────────────────────────────────┐
│ 1. 新型政商关系如何影响企业业绩?(做大"蛋糕")│
│ 2. 新型政商关系如何影响劳动收入份额?(劳资之间分好"蛋糕")│
│ 3. 新型政商关系如何影响高管—员工薪酬差距?(劳动者内部分好"蛋糕")│
│ 4. 新型政商关系影响收入分配的经济后果?(高质量发展)│
└──────────────┬───────────────────────┘
          ┌────┴────┐
          │ 实证检验 │
          └────┬────┘
    ┌──────────┼──────────┐
┌───▼───┐  ┌───▼───┐  ┌───▼───┐
│ 第3章 │  │ 第4章 │  │ 第5章 │
│新型政商│  │新型政商│  │新型政商│
│关系与 │  │关系与民│  │关系与民│
│企业业 │  │营企业劳│  │营企业内│
│绩     │  │动收入份│  │部薪酬差│
│       │  │额     │  │距     │
└───┬───┘  └───┬───┘  └───┬───┘
┌───▼───┐  ┌───▼───┐  ┌───▼───┐
│1.财务资源;│ │1.缓解融资│ │1.破解"资本│
│2.社会资本;│ │  约束    │ │  权力化" │
│3.技术资源;│ │2.劳动力结│ │2.破解"权力│
│4.信息资源 │ │  构转型  │ │  资本化" │
│          │ │3.降低市场│ │          │
│ 技术创新 │ │  垄断    │ │          │
│          │ │4.提高劳动│ │          │
│          │ │  权益保障│ │          │
└───┬───┘  └───┬───┘  └───┬───┘
┌───▼───┐  ┌───▼───┐  ┌───▼───┐
│ 企业业绩│  │劳动收入│  │高管—员│
│(做大   │  │份额    │  │工薪酬差│
│"蛋糕")│  │(劳资  │  │距(劳动│
│        │  │分配)  │  │者内部分│
│        │  │        │  │配)    │
└────────┘  └───┬───┘  └────────┘
              ┌─▼────────────────┐
              │     第6章         │
              │新型政商关系在收入分│
              │配促进民营企业高质量│
              │发展中的调节效应    │
              │1.劳动收入份额与企业│
              │  全要素生产率      │
              │2.高管—员工薪酬差距│
              │  与企业全要素生产率│
              │3.新型政商关系、收入│
              │  分配公平与全要素生│
              │  产率              │
              └─────────┬─────────┘
                    ┌───▼───┐
                    │ 第7章 │
                    │研究结论、政策│
                    │启示及展望    │
                    └───────┘
```

图1-1 技术路线

1.3 研究方法与创新点

1.3.1 研究方法

(1) 文献归纳法

本书主要通过对国内外已有的政商关系、企业劳动收入份额、高管与员工薪酬差距、高质量发展等方面的文献进行系统梳理、归纳和总结,发现现有研究的不足以及未来可能扩展的研究方向。例如,在劳动收入份额的文献综述中,发现现有研究主要从要素禀赋、技术进步、劳资谈判、融资约束、企业风险和最低工资制度等角度进行研究,并未从政商关系这种"软制度"供给的角度研究政商关系对劳动收入份额的影响。本书在文献归纳的过程中提出要研究的问题。

(2) 比较分析法

运用纵向比较方法分析新型政商关系与旧有政商关系的差异,本书系统地梳理了市场化改革过程中政商关系的早期表现形式、演变及重塑。针对新时期习近平总书记提出的"亲清"新型政商关系,已有研究虽然对"亲清"新型政商关系的经济后果做了少量研究,但尚未涉及民营企业收入分配等相关领域,基于这一研究空白,本书从民营企业收入分配公平视角对新型政商关系的经济后果进行了研究。另外,在研究第3章至第6章的异质性分析中也采用了比较分析法。

(3) 实证研究法

第 3 章至第 4 章主要采用实证方法进行研究，利用多元线性回归（OLS）分别分析新型政商关系如何影响民营企业业绩、劳动收入份额、高管—员工薪酬差距以及在收入分配公平影响企业全要素生产率中的调节作用。在具体的实证分析部分，采用描述性统计与多元回归分析相结合的方法对提出的理论假说进行检验。内生性问题是实证中面临的重要挑战，对于新型政商关系与企业收入分配之间的关系，利用聂辉华（2017—2020）等构建的涵盖中国 285 个城市的新型政商关系指数。本书基于经典文献和历史现实的视角寻找影响当前制度的外生性因素，采用工具变量法解决可能存在的内生性问题。另外，研究还通过排除样本区间其他影响结论的政策、行业周期性带来的收入结构变化以及变量度量误差引起的结果偏误等进行稳健性检验，从而保证研究结论的稳健性和可靠性。

1.3.2 主要创新点

以政府与市场关系为主线，围绕新型政商关系如何影响企业收入分配，借助聂辉华（2017—2020）等构建的涵盖中国 285 个城市的城市新型政商关系指数。全方位考察具有中国特色的新型政商关系在促进民营企业内部收入分配公平及高质量发展中的积极作用，剖析"打破"以政治关联为基本特征的非正式政商关系对民营企业收入分配公平的影响，明晰正式政商关系的建立在促进民营企业收入分配公平中的作用机理。具体来讲，本书的创新点体现在如下几个方面：

第一，研究主题方面。从民营企业收入分配公平的视角，全面阐述了"亲清"的新型政商关系对民营企业高发展质量的影响。以往研究发现，由于政府官员和民营企业的之间的"亲而不清"或"清而不亲"的非正式关系，不仅易产生权力寻租，也降低了市场资源的配置效率，从而影响微观企业的可持续发展。在这种背景下，政商关系成为企业进行决策的重要因素，然而对于政商关系，尤其是这种"亲清"的新型政商关系如何影响民营企业的收入分配和高质量发展，尚缺乏系统的理论分析和数据论证。本书基于新兴大国市场的经验证据，丰富和拓展了政企关系与经济发展质量的相关理论。

第二，机制验证方面。以往对于"新型政商关系—收入分配—高质量发展"三个问题的研究是割裂的。在我国政府通过制度建设推动企业高质量发展的宏观背景下，要求民营企业在发展中要兼顾"效率"和"公平"。基于这一研究契机，本书将"新型政商关系—民营企业内部收入分配—企业高质量发展"纳入同一个分析框架，通过"新型政商关系→业绩增长（做大'蛋糕'）→劳动收入份额提升（分好'蛋糕'）→内部薪酬差距缩小（分好'蛋糕'）→企业发展质量提高（提质增效）"的逻辑验证了新型政商关系如何促进民营企业业绩提升、收入分配公平及全要素生产率提升的传导机制。这在一定程度上打开了新型政商关系促进民营企业高质量发展的"黑箱"。同时，研究结论验证了党的二十大提出的"推进中国式现代化要处理好'效率'与'公平'的辩证关系，实现'效率'与'公平'的相互兼顾、相互促进、相互统一"，纠正了"公平"影响"效率"的错误认识。

第三，研究发现方面。从新型政商关系影响企业业绩、收入分配公平的视角，探索了"效率"与"公平"统筹兼顾的本土化发展道路。本书以习近平总书记提出的"新型"政商关系为切入点，研究划清"权力"和"资本"界限如何通过使企业做大"蛋糕"分好"蛋糕"促进共同富裕目标的实现，进而促进企业高质量发展。研究发现，新型政商关系的构建能够提升劳动收入份额和降低高管—员工薪酬差距，进而促进全要素生产率提升。该研究发现对我国通过新型政商关系这种"软制度"建设，缓解目前的劳资冲突、收入分配不公平及促进民营企业高质量发展具有重要的现实意义。研究同时坚定了政府积极推动新型政商关系构建，优化营商环境，提升民营企业经济活力，在推动企业高质量发展中实现共同富裕的伟大目标的战略正确性。

第 2 章
文献综述与理论基础

2.1 文献综述

2.1.1 政商关系相关文献

（1）非正式政商关系的表现形式。在中国特色社会主义市场化建设过程中，生产要素的市场化程度要远远落后于产品，在我国经济体制"半指令，半市场"的宏观背景下，中央及各级地方政府均参与了经济发展的改革，从而使政府在经济中扮演着相当重要的角色。中央过去几十年推行的自上而下的行政分权改革，形成了"中央集权，财政分权"的治理模式，而中央和地方政府之间"决策—执行"的依附关系依然存在（沈洪涛和周艳坤，2017）。地方政府作为落实中央政策的具体执行者，掌握着行政审批、财政补助、土地征用、税收优惠等重要资源。然而，在我国二元经济模式下，民营企业由于规模小、担保抵押能力有限、信用观念薄弱等问题，在市场上经常受到不公平对待。民营企业长期反映市场准入难、融资难及维权难；在垄断行业、相关基础设施和公共服务等方面投资受限，在市场竞争、要素索取及权益保护方面面临不公平待遇。这种资源的不公平分配由于缺乏司法监督和本身的不透明，给政府官员留下设租的空间（周黎安，2018）。而民营企业热衷于通过与政府建立政治关联，获得"特权"和"优惠"（罗党论和黄琼宇，2008；余明桂和潘红波，2008；杜兴强等，2010）。企业家获取政治身份和官员在企业兼职是中国的非正式政商关系主要的表现形式。

企业家通过政治身份和官员在企业兼职建立政治关联。在中国，企业家通过获取党员、工商联成员、政协委员、人大代表、地方党政副职、全国党代表、中央候补委员等政治身份与政府构建起政治联系。研究发现，中国民营上市公司的董事长56%具有党员身份（戴亦一等，2017）。其中，全国工商联承担了民营企业和政府间的桥梁角色，成为"半政治化"的部门，且主要由民营企业家和党政干部组成。例如，安踏集团董事局主席丁世忠不仅担任全国工商联副主席，也是十四届全国政协常委。随着我国证监会在2001年发布《关于在上市公司建立独立董事制度的指导意见》，上市公司通过聘任政府官员担任独立董事成了另一种形式的非政商关系。政府在职或退休官员、全国高校学者、会计师等均成为上市公司独立董事人选的来源之一（姜付秀等，2016）。例如，证监会前主席周道炯曾担任光大银行独立董事。由于我国是以政府为主导的市场经济形态并且公司治理中广泛存在的第二类代理问题，政府官员担任独立董事并没有很好地保护中小投资者利益。相反，政府官员担任独立董事易造成官员利用"关系资本"进行权力寻租，即权钱交易。权钱交易是"权力资本"运作的特征，官员在企业的各种挂职已经成为"权力资本"的运作方式之一。

不容否认的是,在中国经济由计划经济向市场经济过渡的初始阶段,市场化、法治化落后的特殊制度背景下形成的非正式政商关系有效推动了中国经济的高速发展。这种以政治关联为基本特征的非正式政商关系能缓解部分民营企业的融资难题(于蔚等,2012)、为民营企业带来税收优惠(吴文锋等,2009)、增加政府补贴(余明桂等,2010)以及提升交易契约的达成环境(王永进和盛丹,2012)等,从而促进公司财务业绩和市场价值提升(邓晓飞等,2016),而业绩增长则又进一步成为地方 GDP 增长及官员晋升的驱动因素(陆铭等,2007)。这种以政治关联为典型特征的旧有政商关系,在市场化、法治化落后的特殊制度背景下发挥了非正式制度保护与政策性资源获取的特殊功能(田利辉和张伟,2013;Allen 等,2005)。

(2)非正式政商关系与市场、政府失灵。然而,非正式政商关系也带来一定的政治成本。不少研究发现,政治关联是利用资本"绑架"权力,是民营企业向政府寻租的一种手段。政治关联会加重政府对公司生产经营的干预程度(梁莱歆和冯延超,2010)、抑制创新(罗明新等,2013)、导致资源错配(张敏等,2010)、助推企业产能扩张形成产能过剩(钱爱民和付东,2017)、导致财政资金的低效运作(潘越等,2009)、促使企业通过政治庇护逃避环保责任(林雁等,2021)、恶化企业环境绩效(叶陈刚等,2016)和并购绩效(颉茂华等,2021)、使得客户和员工权益受损(杜兴强等,2013;王伊攀和朱晓满,2022);对部分政治关联企业的产权保护和关照,会造成新的"政企不分",破坏市场公平竞争(田利辉和张伟,2013)。同时,政府干预下的人事控制扭曲了正常的企业高管激励机制，最终损害公司长期业绩（禄东等，2012；黄新建和刘苗，2018）。这种非正式政商关系降低市场整体资源配置效率，使市场无法及时有效地引导资源从低效率向高效率的行业转移（李海凤和史燕平，2014），并扭曲整个社会稀缺资源的有效配置（Charumilind 等，2006；Claessens 等，2008；何德旭和周中胜，2011），导致市场失灵。此外，由政治关联造成的政企不分，不仅导致资源的配置效率低下，产生更大的社会成本，而且经济寻租引致的政治寻租浪费的资源以及寻租后损失的社会效率会导致政府失灵。更为重要的是，政商关系产生的政治租金独享不仅加剧了民营企业劳动收入份额的下降（魏下海等，2013），还通过权力极化导致企业内部薪酬差距加大（杜兴强等，2013）。利益分配失衡阻碍了劳资关系和共同富裕目标的实现，使之成为影响我国社会和谐的最主要因素之一。

（3）政商关系的转型。在我国经济体制持续改革深化的过程中，旧有的政商关系也在转型：一方面，党的十八大以来，一批的党政领导被调查，与之相关联的企业受到惩处，基于官商寻租关系建立的"同盟"被打破。另一方面，"权力资本"导致市场参与者的不平等竞争，不利于政企分离和企业法人治理结构的建立；不利于党风廉政和干部队伍建设，也不利于规范的市场经济建立。为进一步改革我国现行的行政体制，完善权力运行机制和权力制约机制，避免"官商"扰乱市场经济秩序。中央组织部2013年10月19日印发的《关于进一步规范党政领导干部在企业兼职（任职）问题的意见》对官员在企业中的任职资格等进行了限制，有效抑制了官员在企业任职问题。同时，中央巡视在抑制国企高管凭借"亦官亦商"身份进行寻租的同时，对民营企业的寻租也发挥了一定地震慑作用。

"亲清"新型政商关系是习近平总书记于2016年3月4日在参加全国政协十二届四次会议民建、工商联界政协委员联组讨论时提出的治国理政方针。2017年9月,《中共中央 国务院关于营造企业家健康成长环境弘扬优秀企业家精神更好发挥企业家作用的意见》《国务院办公厅关于进一步激发民间有效投资活力促进经济持续健康发展的指导意见》等相关政策,均提出要建立"亲清"政商关系,以增强经济发展活力。随后,党的十九大报告也重申了构建"亲清"政商关系的重要性。2020年7月,习近平总书记在企业家座谈会上的重要讲话再次提到了构建"亲清"政商关系,要充分发挥市场在资源配置中的决定性作用,更好发挥政府作用。"亲清"政商关系是全面从严治党背景下,习近平总书记对如何处理政府与企业、资本与权力的关系,构建高质量营商环境提出的新要求。其中,"亲"要求政府以真诚的态度与企业交往,了解企业的实际状况,积极帮助企业解决经营困难;企业则要积极主动与政府沟通交流,充分反映自身真实情况和需求。"亲"的过程中要求政府和企业要保持"清"的界限感,防止资本绑架政府权力,滋生腐败。但是也要避免极端情形出现,比如"清"而不"亲"或"亲"而不"清"。围绕"亲清"新型政商关系的基本内涵和产生的经济后果,现有文献已积累了一定的研究成果。周黎安(2018)、陈云贤(2019)认为,我国的政商关系与欧美日等国家和地区不同,结合社会主义制度和市场经济的两大优势,形成"有为政府"与"有效市场"的辩证统一是构建"亲清"新型政商关系的底层逻辑。王帅(2019)认为,"亲清"政商关系的构建将通过"法治、善治与规制"三种合力实现。"亲"在于政府要"善治",要基于促进民营企业健康发展的立场，提供适应市场经济运行规律的基本公共服务和制度保障；"清"的关键在于政府要"法治"，通过法治建设划清"权力"和"资本"的界限，破除政府官员权力不受约束和监督的体制性弊端。在政商的良性互动中，企业家的行为要"规制"，遵守法律和市场规则，并承担社会公义、责任。中国人民大学国家发展与战略研究院根据习近平总书记2016年提出的有关"亲清"政商关系的论述，构建了中国城市政商关系健康指数评价指标体系。具体指标评价体系如图2-1所示。

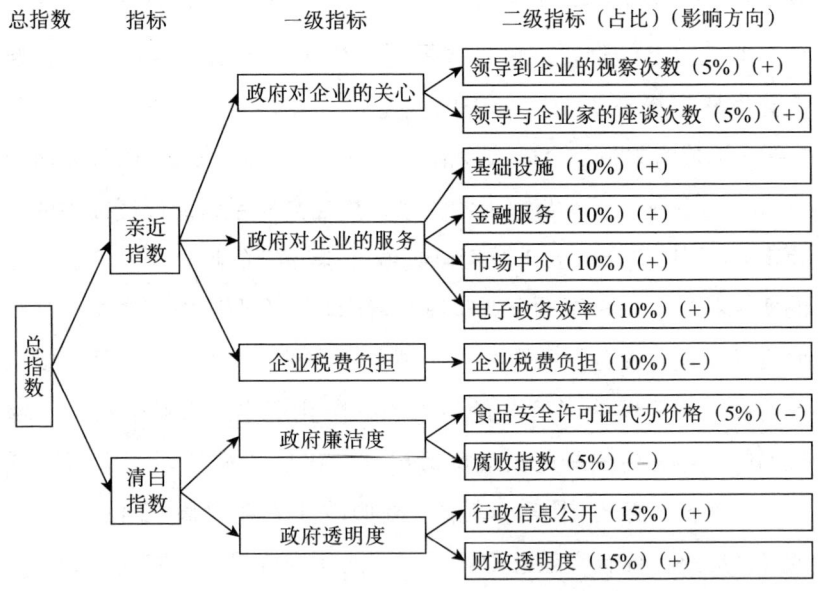

图2-1 中国城市政商关系健康指数评价指标体系

围绕新型政商关系对微观企业的影响，学术界发现了以下实验证据：管考磊（2019）、周俊等（2020）研究发现，新型政商关系能够通过畅通民营企业融资渠道、合法的政府补贴、寻租费用的减少等缓解企业融资约束、促进企业技术创新。新型政商关系通过"规制性"和"合法性"引导民营企业履行社会责任（江炎骏和许德友，2020）。魏江等（2021）研究认为，企业为了应对外部制度环境的不确定性以及减轻对外部资源的依赖，通常通过政治战略、识别并赢得机会，强化企业合法性和提高资源获取能力。但随着新型政商关系这种"软"制度的完善，稳健性会计信息才有更利于企业发展。钟覃琳等（2016）、黄少卿等（2018）研究发现，新型政商关系能够抑制民营企业的寻租动机，促使其将更多的资源转移到创新活动和提升效率中。庄旭东和张翼飞（2021）则认为新型政商关系下，政府关心、政府服务、政府廉洁、政府透明能促进企业投资效率提高。蒋长流等（2021）通过对比新旧政商关系对创新的影响，发现旧政商关系下产生的政治关联对公司创新具有显著的抑制作用，而新型政商关系通过抑制企业过度投资和降低政治联系维系成本消除政治资源"诅咒"效应。汪宏华和安亚人（2023）研究发现，新型政商关系有效抑制了应计盈余管理，但诱使企业使用更为隐蔽的真实盈余管理和分类转移盈余管理，而新型政商关系通过约束政企间不正当的政治关联促使企业整体盈余管理程度下降，盈余质量上升。

2.1.2　企业收入分配相关文献

（1）劳动收入份额相关文献

在收入分配的研究中，劳动收入份额是长久以来经济学研究的热点（董丰等，2020）。劳动者与资本方分配关系主要体现在企业增加值中劳动收入份额的相对比重。劳动收入份额反映了劳动者共享经济发展成果的多寡，对我国国民收入分配格局有着基础性影响，是衡量共同富裕程度的重要指标。提高劳动收入份额是保证全体人民分享经济发展成果的重要机制（施新政等，2019）。学术界对劳动收入份额的研究主要围绕其变化趋势、经济后果以及影响因素三个方面展开。

劳动收入份额变化趋势和经济后果。劳动收入份额变化趋势的研究始于"卡尔多（Kaldor）事实"受到挑战。1961年，Kaldor根据美国等资本主义国家劳动收入份额的时间序列数据提出了六个"典型事实"，反映了西方发达国家经济增长和发展的稳定性，其核心基于要素收入相对份额的稳定性。然而，多项研究与"卡尔多事实"不符。例如，Xiao和Hao（2009）发现中国要素收入占比不具有时间稳定性。文雁兵和陆雪琴（2018）研究发现，在20世纪80年代后劳动收入份额下降已成为全球趋势（文雁兵和陆雪琴，2018），1980—2011年，世界主要经济体的劳动收入份额从64%下降到了59%，且整体仍然呈现持续下降趋势（Karabarbounis和Neiman，2013）。Zhang等（2023）对劳动收入占比进行了国际比较，发现大多数发达国家的劳动收入份额是相对稳定的，总体上呈现一定的下降趋势，但下降幅度很小。然而，中国等发展中国家的劳动收入份额显然不稳定，不能认为与"卡尔多事实"一致。

国内有关劳动收入份额变化趋势的研究集中在宏观层面，而且形成了较为统一的结论，即中国劳动收入份额呈下降或"U"形趋势，但整体低于世界水平（白重恩和钱震杰，2009；姚惠泽等，2013）。我国劳动收入份额整体从1978年的50%左右下降到2008年的45%左右，2008年国际金融危机之后，外部出口需求和内部要素结构的双重变化导致这一趋势有所逆转，由2008年的45%上升到 2020 年的 55.7%，但总体仍低于世界平均水平（刘长庚和柏园杰，2022；刘亚琳等，2018）。Lu（2011）将中国的劳动收入占比与其他国家进行了比较，发现中国的劳动收入明显低于其他国家。Liu 等（2022）发现，中国劳动收入占比在金融危机前总体呈下降趋势，然后出现上升迹象，财产性收入份额在同期内一直处于上升趋势，从 2.5% 提高到 8.7%。

劳动收入份额的整体下降成为我国个人收入分配差距扩大的主要原因之一（刘国光，2008）。低劳动收入份额使劳动者未能充分分享经济发展的成果，不利于居民消费增长和经济均衡发展（Piketty，2003；Autor 等，2017），还可能恶化人际之间的收入分配格局，进一步扩大贫富差距（Daudey 和 Garcia - Peanlosa，2007），从而导致出现消费不足、劳资关系冲突问题，甚至使我国陷入"中等收入陷阱"的潜在风险提高，严重影响我国可持续发展目标的实现。Zhang 等（2018）认为，改善收入分配是高质量发展的立足点和动力所在；准确测算劳动收入占比并探究其变化原因，是实现共同富裕的关键。张燕和刘维奇（2023）以 1999—2020 年沪深 A 股上市公司为样本，从微观视角探索劳动收入份额影响后果。研究发现，在激励效应和成本效应共同作用下，劳动收入份额与企业绩效呈非线性"U"形关系，且当前成本效应占主导。经济政策不确定性、高管过度自信通过成本效应放大两者之间的负相关关系；而人力资本水平和创新有助于缓解两者之间的负相关关系。

劳动收入份额的影响因素。影响企业劳动收入份额的因素主要包括：要素禀赋、技术进步、劳资谈判、融资约束、企业风险和最低工资制度等。

Lin（2011）提出了新结构经济学的理论框架，认为经济结构是由要素禀赋结构内生决定的。经济体的禀赋、结构在某一特定阶段是相对稳定的，随着时间的推移会发生变化。经济结构的变化导致产业结构的变化，产业结构的变化又导致劳动收入占比的变化。因此，要素禀赋的变化是劳动收入份额变化的根本原因。Blanchard（1997）认为技术进步是劳动收入份额下降的原因之一。在 Blanchard（1997）的研究基础上，大量文献证实了资本偏向型技术进步会导致劳动收入份额的下降（Acemoglu，2002；Bentolila 和 Saint-Paul，2003）。然而，部分研究却得出了不同结论：偏向性技术进步在挤出低技能劳动力的同时，会形成对高技术劳动力的依赖，这将带动高技能劳动力的相对工资、就业规模以及劳动收入的提高，最终促进劳动收入份额上升（丁建勋等，2022）。吴秋生和王玲芝（2022）发现，创新能够通过促进企业劳动力结构升级和较高的工资谈判能力促进劳动收入份额提升。陈梦根和周元任（2021）研究认为，企业数字化转型对低技能劳动力挤出的同时将提升高技能劳动力的相对地位，进一步增强高技能劳动力的议价能力和工资水平。方明月等（2022）发现，企业数字化转型不仅能够提高总营业收入，而且有助于增加劳动收入份额和降低高管薪酬差距。黄逵友等（2023）发现，企业数字化转型通过缓解融资约束与加强内部控制两条路径提高了劳动收入份额。何小钢等（2023）基于2000—2013年中国工业企业数据库与中国海关数据库的匹配数据，从微观视角考察机器人应用对企业劳动收入份额的影响，结果发现，机器人应用会显著降低企业劳动收入份额。Qian 等（2023）研究了人工智能发展对劳动收入份额的影响。结果发现，人工智能发展对劳动收入份额的影响方向取决于机器替换和新任务的相对速度，机器替换使工资增速小于劳动生产率增速，导致劳动收入占比下降；但是，新任务可以抵消这种负面影响，并且增长速度越快，这种抵消作用越明显。李仁宇和钟腾龙（2022）以国家创新型城市试点政策为准自然实验，研究发现，试点政策一方面通过促进企业自主创新推动劳动收入份额提高，另一方面通过提升企业生产效率抑制劳动收入份额上升，但总体试点政策通过技术进步提升了企业劳动收入份额。

劳资谈判也是影响劳动收入份额的重要因素（Blanchard，1997）。依据新古典经济经学理论，如果市场是完全竞争的且不存在外部性，那么劳动和资本的报酬等于其边际产出。即完善的市场机制能够促使劳动和资本以一定的速率增长，而劳动报酬的增长率等于技术进步率或人均产出增长率（Romer，2001）。但在不完全的市场竞争环境中，要素价格往往偏离完全竞争市场下的均衡价格。Blanchard（1997）研究发现，劳动和资本的议价能力对租金分配具有关键作用，直接决定了租金分配的偏向。Bentolila和Saint-paul（2003）的研究也得出了类似的结论。他们将工会作为调节变量，通过研究1970年以后经济合作与发展组织成员国劳动收入份额的动态变化，发现劳动收入份额的多少取决于资本产出比。而劳动力的议价能力对实际工资偏离边际产出具有显著影响。我国学者柏培文和杨志才（2019）研究指出，劳动力议价能力能够显著提升劳动收入份额，然而，魏下海等（2013）研究发现，工会会同时提升工资水平和劳动生产率，但劳动生产率的涨幅更大，因而劳动收入份额反而下降了。

融资约束也是影响企业劳动收入份额的重要因素。融资约束会限制企业对劳动报酬的支付能力，降低企业劳动收入份额（Aziz

和Cui，2007；罗长远和陈琳，2012；汪伟等，2013）。一方面，企业主要依靠债务融资补充营运资本，并支付员工工资（Neumeyer和Perri，2005）。当企业外部融资约束增强，其发展严重依赖于内源性融资时，挤占劳动者报酬几乎成为增加资本积累的唯一途径，即融资约束造成的"利润侵蚀工资"现象，从而导致劳动收入份额下降（汪伟等，2013；林志帆和赵秋运，2015）。因此，融资约束高的企业会因本身流动资金规模受限，倾向于通过减少劳动力或降低工资水平来降低运营成本，从而造成劳动收入份额下降。另一方面，随着融资约束的加剧，以固定资产为代表的资本要素在带来必要的边际产出价值外，还凭借自身较高的抵押价值为企业带来额外融资收益。为此，企业倾向于通过投资固定资产增强其信贷能力，而削减劳动需求或降低劳动工资水平会制约劳动收入份额增长。张彤进和任碧云（2016）基于中国省级层面的经验研究发现，包容性金融发展有助于提升劳动收入份额。苏梽芳等（2021）认为，"营改增"使企业购进固定资产可以进项抵扣，降低了资本要素相对价格，由于服务业的资本和劳动力互补，这将提高企业劳动收入份额。江轩宇和朱冰（2022）研究发现，资本市场开放能够通过融资约束缓解和劳动力结构升级提高劳动收入份额。

此外，还存在其他影响劳动收入份额的因素。例如，贾珅和申广军（2016）研究发现，企业风险降低使劳动者努力程度提高，产出水平和工资都得以增长，但是产出增长更快，从而使劳动收入份额下降。王玉龙等（2022）研究发现，客户集中度主要通过抑制创新需求、增加债务融资成本以及提高真实盈余管理削弱了资源在劳动要素中的分配。盛斌和郝碧榕（2021）认为，企业相对规模的扩大会导致劳动收入份额的下降。万江滔和魏下海（2020）发现，最低工资规则通过影响企业资本集约度显著降低了劳动收入份额。Petrosky-Nadeau 和 Wasmer（2013）认为，金融化使国民收入分配更有利于金融资产持有者，削减了工人的工资和福利，从而负向影响劳动收入份额。Guschanski 和 Onaran（2018）基于自利的管理者为迎合股东利益或追求短期高额收益所做的经营决策调整来尝试解释企业金融化对劳动收入份额的影响。罗明津和铁瑛（2021）则研究发现，企业金融化能够促进劳动收入份额提升，但这源于金融化高额收益产生的"盈利溢出"效应和"技术抑制"效应产生的劳动力要素的相对地位提升，在两者共同作用下劳动收入份额得到提升，但不具有持续性。汪冲和宋尚彬（2022）则从研发费用加计扣除政策的视角入手，研究发现加计扣除政策产生的人才集聚效应和普通员工的数量扩张效应，促使劳动要素收入比提升。杜鹏程等（2022）研究发现，我国社会保险征收体制改革有助于提升企业劳动收入份额。企业参保率提升、劳均社保缴费额增加和员工薪酬福利上涨是改革促进企业劳动收入份额的经济机制。肖土盛等（2023）以《反垄断法》的实施作为一项准自然实验，发现《反垄断法》实施主要通过要素市场上的要素组成效应与产品市场上的成本加成效应影响企业收入分配。Cui 等（2023）基于新《环境保护法》的准自然实验，采用 DID 模型考察环境规制对劳动收入份额的影响。研究发现，严格的环境监管通过资本深化降低了制造业企业的劳动收入份额；更严格的监管对规模较大的组织、企业社会责任较弱的公司、就业稳定压力较小的公司影响更大。然而，该项研究进一步分析表明，新《环境保护法》鼓励制造业企业增加资本投入和雇佣高技能劳动力。

（2）薪酬差距相关文献

现有文献对于企业内部薪酬差距主要包括高管内部薪酬差距和高管—员工薪酬差距，在我国通过推动企业高质量发展和共同富裕的过程中，缩小收入差距重点在于提升普通员工的工资收入。因此，相关文献也围绕高管—员工薪酬差距展开。作为宏观经济的微观主体，企业内部薪酬差距拉大也被认为是收入差距扩大的重要因素（Chen 等，2014；方芳和李实，2015），而企业内部的薪酬差距集中地体现在高管—员工的薪酬差距。Lazear 和 Rosen（1981）、Rosen（1986）较早关注高管与员工之间的薪酬差距问题。此后，针对高管与员工薪酬差距的研究逐渐成为公司治理的重要话题。该类研究主要围绕其产生的经济后果和影响因素展开。

高管—员工薪酬差距产生的经济后果方面的研究目前并未取得一致结论，主要研究成果的解释围绕锦标赛理论和行为理论展开。支持锦标赛理论的研究认为，高管—员工较高的薪酬差距能激励某一层级或更低层级的员工为高额薪酬和职位而努力，有利于企业业绩和价值提升（Lazear 等，1981；Rajgopal 和 Srinivasan，2006）。学者们从不同视角对锦标赛理论进行了验证。林俊清等（2003）、刘春和孙亮（2010）、Banker（2016）认为高管与员工薪酬差距越大，则越会激励高管减少企业短期行为，更有利于企业成长。盛明泉和周洁（2017）研究发现，高管团队内部以及高管与员工薪酬差距与公司竞争力显著正相关。乔焱宁（2018）实证验证了锦标赛理论在我国资本市场上的适用性，并强调该理论特别适用于激励在企业中拥有管理权的职员。孔东民（2019）发现高管与员工薪酬差距与企业创新呈正相关。盛明泉（2019）研究发现，高管薪酬差距拉大能够显著提升企业全要素生产率。杨伽伦和朱玉杰

（2020）从国企限薪令的视角研究发现，国有企业限薪令实施后，创新产出和创新质量显著下降。傅顾等（2020）研究发现，高管与员工薪酬差距对企业创新产生正向激励，但会在企业生命周期动态迭代的进程中表现出差异。

  行为理论也常常被用来解释高管—员工薪酬差距的效率问题。公平理论强调薪酬的平等性，其主要关注于相似参照对象投入产出的比较，比如公司员工通过自身的收支比率进行历史比较和社会比较，如果收支比率相等，则认为感受到了心理平衡和公平，那么其就会努力工作；否则会产生挫败感、愤恨感甚至破坏心理（Adams，1965）。相对于公平理论，剥削理论更注重组织内部不同层级的比较，由于投入不易观察，人往往高估自己的投入、低估其他人的投入，而且只将薪酬作为比较对象，即使薪酬差异来源于不同的生产率，也可能认为分配没有做到公平与公正，招致不满（Pfeffer等，1993；Wade等，2006），为了缓解这种不公平造成的紧张感，人们往往会调整其对投入或产出的感知（Cowherd和Levine，1992）。因此，薪酬差距过大会因丧失公平性，挫伤员工工作积极性和努力程度，进而有损企业价值提升（Min等，1993），卢锐（2007）、张正堂和李欣（2007）、Martins（2008）等的研究均表明，企业内部薪酬差距可能导致业绩下降。不仅如此，管理层内部的薪酬差距加大还会诱发真实盈余管理行为（Kale等，2009）。夏宁和董艳（2014）、Tao等（2016）的研究均证明高管内部薪酬差距过大，会使低层管理者产生被剥削感、不公平感，从而产生不满情绪，损害其工作积极性，且不利于团队合作，间接地支持了行为理论。雷宇和郭剑花（2017）将高管薪酬黏性与员工薪酬黏性差异大小作为企业内部薪酬分配规则公平水平的度量，发现高管薪酬黏性与员工薪酬黏性差异越大，规则不公平现象越严重，而规则公平有助于提高员工效率。徐高彦等（2018）研究发现，较小的薪酬差距能够提高员工情绪管理能力与组织关系管理能力，形成有效的员工激励，有利于企业走出危机。Leon Chan 等（2020）研究发现，拉大高管—员工薪酬差距会降低企业创新效率。Dittmann 等（2023）使用德国企业员工薪酬的数据，发现工资差距的错误定价是由套利限制所驱动的。具体而言，一些投资者似乎出于非货币原因竞购低工资差距股票，从而表现出对低薪酬不平等的偏好。因此，具有公平薪酬方案的企业获得了更低的资本成本。赵波（2000）认为我国公民对公平感的认识来源于根植于民族内心中"不患寡而患不均"的平均主义分配价值观。

  从目前已有的证据来看，影响高管与员工薪酬差距的因素主要是公司治理因素。整体来讲，公司治理水平与公司内部薪酬差距呈反向变动关系。例如，Core 等（1999）、林浚清等（2003）均研究发现，治理结构的有效性越差，总经理薪酬越高。此外，公司治理水平较差的公司还存在大股东伙同高管合谋掏空公司的可能，导致监管失灵，扩大高管—员工薪酬差距（Fang 等，2018；杨志强和王华，2014）。Bebchuk 等（2002）依据管理层权力理论，认为管理层拥有权力可能导致薪酬契约演变为更严重的代理问题，这一结论被 Otten 和 Heugens（2007）证明在 17 个国家的公司普遍适用；另外，管理层权力理论在卢锐（2007）、代彬等（2011）关于管理层权力与高管—员工薪酬差距的关系研究中也得到了验证，即管理层权力越大，高管—普通员工薪酬差距也越大。

  国内外关于企业内部薪酬差距影响因素的研究主要包括：章琳一和张洪辉（2021）研究发现，结盟形成控股股东的"一致行动人"能够发挥监督作用，抑制薪酬差距拉大。林浚清等（2003）认为，在相对集中的股权结构下，大股东有足够的能力和动机对高管进行监控，从而避免高管薪酬的随意增长。随着股权激励的普遍使用，股票作为对高管的长期激励形式，能够更好地缓解第一类代理问题，部分替代货币薪酬的激励作用，因此，股权激励能降低高管与员工的货币薪酬。苗妙和汪小慧（2022）研究发现，多个大股东的矛盾僵持和治理低效，侵蚀了薪酬委员会的独立性，高管滥用权力提高个人薪酬，导致企业内部薪酬差距扩大。而党组织参与公司治理能够有效抑制由管理者权力引致的高管—员工薪酬差距（陈红等，2018）。Kong等（2023）研究发现，中国的反腐败运动有助于缓解代理问题，从而降低高管—员工薪酬差距。Laurence等（2023）利用泰国旅游类上市公司的数据研究发现，高管与员工之间的短期薪酬差距与公司绩效呈倒"U"形关系。

此外，制度环境、地区文化、人力资本特征、公司特征等也是影响高管—员工薪酬差距的重要因素。陈震和张鸣（2006）研究发现，公司所处地区的市场化程度越高，高管层级的报酬差别越大；肖继辉（2005）研究认为，地区的行业平均薪酬水平能够影响上市公司的高管报酬；Mincer（1970）认为，劳动力的人力资本水平，如工龄、职称、学历和工作经验等均会对薪酬差距产生影响。在收入分配政策逐渐"更加注重公平"的前提下，社会公平已经成为各级政府施政的重要内容，国企是政府施政的重要对象。因此，国企的薪酬差距小于民营企业（雷宇和郭剑花，2012）。岑永嗣和黎文靖（2014）研究发现，在非国有企业中，总经理的内部继任与高管层内的薪酬差距变动呈负相关。吴昊旻等（2018）从公司战略这一独特视角解释高管与员工形成较大薪酬差距的合理成因。研究发现，公司战略越趋于进攻型，高管薪酬相对越高，员工薪酬相对越低，高管—员工的薪酬差距也就越大。陈良银等（2021）研究发现，在国有企业混合所有制改革过程中，非国有股东持股和向国有企业委派董事显著扩大了企业内部薪酬差距，具体表现为高管薪酬提高而员工薪酬降低。Zhang 等（2017）研究发现，总经理年龄正向影响高管—员工薪酬差距。马广奇和崔西桃（2023）研究发现，增加员工人数会降低普通员工薪酬，绝对薪酬差距、相对薪酬差距都与员工人数显著正相关，说明员工人数越多的企业薪酬差距越大，尤其在非国有企业。修宗峰等（2023）研究发现，党建入章通过坚持党对国有企业的领导并将其与公司治理相融合有效降低了国有企业薪酬差距。Tosi 和 Greckhame（2004）研究表明，国家文化对薪酬差距会产生影响；陈仕华等（2020）、Weimin 等（2023）均认为儒家文化在财富分配中强调"均平"思想，受儒家文化影响越强的企业，其高管—员工薪酬差距越小。

2.1.3 企业高质量发展相关文献

党的十九大报告指出："中国经济已由高速增长阶段转向高质量发展阶段"，这是高质量发展命题第一次出现在党中央正式文件中，表明我国经济已由高速增长阶段转向高质量发展阶段，正处在转换增长动力的攻关期。从现有文献来看，关于经济高质量发展的研究主要集中在两个层面：一是对经济高质量发展内涵的讨论（任保平和李禹墨，2018），二是对经济高质量发展路径的讨论（罗文和徐光瑞，2013；任保平和文丰安，2013）。

不同学者对高质量发展的本质和内涵存在不同的理解。党的十九大报告认为,要实现经济高质量发展必须坚持质量第一、效益优先,推动经济发展质量变革、效率变革、动力变革,提高全要素生产率。金碚(2018)认为,高质量发展的本质是系统性地创造发展优势,走符合我国国情且具有中国特色的道路,以各种可持续和有效的方式满足人们日益增长的对美好生活的需求。黄速建等(2018)认为,企业高质量发展是一种新的发展方式,指企业以实现高水平、高层次、卓越的企业发展质量为目标,摒弃以往只重视规模扩张、依靠增加要素投入的粗放式发展方式,走提供高品质产品和服务、强调经济价值和社会价值创造效率、重视塑造企业持续成长的素质能力的道路。姜长云(2019)认为,积极有效适应、创造和引领市场需求,实现创新、协调、绿色、开放、共享的新发展理念系统协调是服务业高质量发展的基本含义。刘瑞和郭涛(2020)认为,创新、协调、绿色、开放、共享五大发展理念是构建经济高质量发展的主要评价体系。高培勇(2020)从社会、治理和经济角度进行了诠释,认为经济高质量是社会高质量和治理高质量的输出结果。游家兴等(2022)认为,确保增长的稳定性、防止经济出现跌宕起伏,也是经济高质量发展的表现之一。贺晓宇和沈坤荣(2018)、刘思明等(2019)、肖曙光等(2020)均认为提升全要素生产率是实现高质量发展的最核心内容。肖文和薛天航(2019)认为,全要素生产率作为宏观经济学中的一个重要概念,是分析经济增长源泉的重要工具,将全要素生产率应用于微观企业,能够引导组织实现质量、效率与动力的变革。全要素生产率主要反映的是技术、管理等要素投入所形成的最大化产出,其提升的关键是资源配置效率提高及技术进步(Hsieh和Klenow,2009;黄贤环和王瑶,2020)。全要素生产率被作为经济高质量发展的度量指标广泛运用于宏观、中观及微观经济的研究中（胡晖和唐恩宁，2020；程惠芳和陈超，2017）。全要素生产率是由 20 世纪 50 年代诺贝尔经济学奖获得者罗伯特·M. 索洛提出的具有规模报酬不变特性的总量生产函数和增长方程，形成了全要素生产率的概念，并把它归结为是由技术进步而产生的。其公式可以表达为：

$$GY = GA + \alpha GL + \beta GK$$

其中：GY 代表经济增长率；GA 代表全要素生产率（技术进步率）；GL 代表劳动增长率；GK 代表资本增长率；α 代表劳动份额；β 代表资本份额。

经济高质量发展路径的研究主要围绕提高经济高质量发展的因素展开。经验研究主要围绕影响经济高质量发展因素展开。宏观层面影响经济高质量发展的因素主要为：人口红利（宋强，2019）、地方财政压力（詹新宇和苗真子，2019）、财政分权（冯伟和苏娅，2019）、房价泡沫（郭文伟和李嘉琪，2019）、消费结构的升级（薛军民和靳媚，2019）、外商直接投资、劳动者素质、技术进步（李娜娜和杨仁发，2019）、城市蔓延（廖祖君和王理，2019）、产业结构（汪宗顺等，2019）、金融环境（徐盈之和童皓月，2019）、地区金融科技创新（唐松等，2019）、扩大出口（戴翔，2019）、创新（Zhang 等，2018）等方面。在以上因素中，创新扮演了最重要的角色，其能够降低单位产值的能源和资源消耗量。从行业角度看，要提高劳动生产率和资源利用率，创新需要从传统类型向绿色创新转型（袁宝龙和李琛，2018）。而优化工业结构、加强技术创新、实施低碳发展等路径则可以推进工业高质量发展（罗文和徐光瑞，2013）。从区域层面来看，创新也是促进区域经济高质量发展的重要驱动力（Chen 和 Golley，2014；任保平和文丰安，2018；任保平，2018）和发展基石（辜胜阻等，2018）。Zhang 等（2018）研究发现，地区的绿色发展主要依靠创新驱动，但创新驱动地区绿色发展的程度依赖于该地区的治理水平。Zhao 等（2022）通过探讨数字经济影响城市高质量发展作用机制，解释了区域经济发展的差异。研究发现，数字经济可以通过激发创业活力来推动高质量发展。鼓励大众创业是数字经济释放高质量发展红利的重要机制。同时，他们通过阈值模型和空间模型，发现数字经济的积极效应具有"边际效应"的非线性增量和空间外溢特征。Song 等（2022）基于 2005—2018 年淮河经济带面板数据和空间 Durbin 模型，实证研究发现，经济高质量具有空间溢出效应，环境规制对本地和邻近地区经济高质量的影响呈倒"U"形，产业结构先进水平的提高对本地和邻近地区经济具有正向影响。佘硕等（2020）以 2010 年中央推行低碳城市试点为准自然实验，基于中国地级市数据库，实证分析低碳城市试点对获批城市绿色全要素生产率的影响。研究发现，低碳试点政策能够通过提升城市创新水平提升所在城市绿色全要素生产率。刘传明和马青山（2020）将"宽带中国"试点政策作为准自然实验，构建渐进双重差分模型评估网络基础设施建设对城市全要素生产率增长的影响。研究发现，网络基础设施建设通过促进技术创新、产业结构升级及缓解资源错配等促进城市全要素生产率增长。

微观层面影响企业高质量发展的因素主要包括内部因素和外部因素。内部因素主要包括管理层激励、社会责任履行、劳动力成本、所有制结构等。盛明泉（2019）基于锦标赛理论研究发现，企业全要素生产率与高管薪酬差距呈正相关关系。较大的薪酬差距能够促使高管为获得职位晋升而更加努力工作，减少高管的懈怠行为,降低代理成本,进而提升企业业绩(Lazear 和 Rosen,1981)。大股东掏空行为通过资源转移路径和治理结构扭曲路径显著降低了企业全要素生产率;而非效率投资在这一传导机制中起到中介作用(蒋长流等,2020)。此外,激励机制的错位同样会抑制企业全要素生产率增长,原因在于其增加了代理成本,并且降低了研发产出(盛明泉等,2018)。此外,绩效激励也是促进我国企业全要素生产率持续增长的重要手段,企业的绩效激励程度平均提高10%,全要素生产率平均提高提升0.46%—1.2%(高娟,2018)。张曾莲和徐方圆(2018)研究发现,董事高管责任保险能够促进保险公司发挥外部监督作用,进而降低代理成本和提高企业创新能力。Jiang等(2021)研究发现,环境信息披露能够促进企业高质量发展,智力资本在这一关系中起中介作用。Ge等(2022)认为,环境、社会和治理(ESG)理念与中国经济高质量发展具有内在的理论一致性,实施ESG理念是实现经济可持续发展的重要途径。他们发现,良好的ESG绩效有利于促进企业的高质量发展,环境绩效和社会绩效比公司治理绩效更能促进企业的高质量发展。赵宸宇等(2021)研究发现,数字化转型是促进企业全要素生产率提升的重要路径,其内在机制在于数字化转型能够提高企业的技术创新能力、促进企业人力资本结构升级、推动先进制造业和现代服务业的融合以及有效降低生产成本。此外,劳动力成本(肖文和薛天航,2019)、所有制结构(王浩,2022)也被认为是影响企业全要素生产率的重要因素。

外部因素主要围绕政策、地区金融发展程度等角度展开。王杰和刘斌(2014)研究发现,环境规制与企业全要素生产率之间呈现倒"N"形关系,即环境规制的强度较弱时,企业所承担的环境成本较低，此时技术创新的动力不足，导致全要素生产率降低；而当环境规制的强度较强时，企业所承担的环境成本较高，弥补环境成本的动力将驱使企业进行技术创新，进而促进企业全要素生产率提升；但当环境规制的强度产生的成本超过企业的承受能力时，又会进一步导致全要素生产率下降（王杰和刘斌，2014）。刘祎和黄茂兴（2020）研究发现，环境规制通过促进技术进步进一步促进行业绿色全要素生产率提升；而关海玲和武祯妮（2020）研究发现，环境规制通过促进技术进步促进区域绿色全要素生产率提高。宏观经济政策不确定性也对全要素生产率具有负面作用。经济政策不确定性导致企业非效率投资增加，从而影响企业全要素生产率（刘帷韬等，2021）。地区金融科技发展程度能够显著促进企业全要素生产率提高，金融科技"赋能"降低了金融机构与企业之间的信息不对称，能分别通过"量"和"质"缓解企业融资约束和提高信贷资源配置效率，这将显著提升全要素生产率（宋敏等，2021）。江红莉和蒋鹏程（2021）认为，数字金融通过缓解企业融资难、融资贵的困境，促进企业技术创新，进而提升企业全要素生产率。Lee 等（2023）对数字普惠金融是否以及如何对正在经历企业转型发展的中国经济产生影响这一问题进行研究。结果发现，数字普惠金融通过降低财务杠杆和缓解财务约束促进企业向高质量发展转型。

2.1.4 研究述评

本部分梳理了以往研究文献，从中可以发现，目前国内外学者在政商关系、收入分配及企业高质量发展问题上已积累了大量丰富的研究。政商关系的研究主要从非正式政商的表现形式，以及企业建立政治关联等非正式政商关系的动机和经济后果展开研究。新型政商关系的研究多数还仅局限在其内涵和路径构建上，对微观企业行为影响的研究较少。对劳动收入份额的经济后果的研究主要围绕降低劳动收入份额引起贫富差距拉大，消费需求萎缩和经济不平衡发展这一路径展开；影响因素主要从技术进步、劳资谈判及融资约束等角度展开；薪酬差距的研究也同样围绕其产生的正面或负面的经济后果和影响因素展开。企业高质量发展的影响因素主要从内部因素和外部因素展开，以上研究均在一定程度上为民营企业收入分配公平问题和企业高质量发展的深入研究做了很好的铺垫，但是，在以下几个方面还有待深入讨论：

第一，在研究视角上，尚缺乏从新型政商关系构建的视角，研究民营企业收入分配问题。现有文献主要从新型政商关系的创新激励效应、引导民营企业履行社会责任、提高财务业绩稳健性、提高投资效率等角度展开，尚未涉及收入分配领域。事实上，政商关系对民营企业收入分配公平性的影响是显著的。在我国政府通过制度建设推动企业高质量发展的宏观背景下，探讨新型政商关系如何影响企业收入分配公平的重要性凸显。尤其是解决 80% 以上城镇劳动就业的民营企业收入分配公平问题尤为重要。收入分配公平作为经济发展的产物，不仅是经济发展的结果，也是制度质量的体现。如何通过外部制度建设促进民营企业收入分配公平有待深入研究。

第二，在研究内容上，现有研究对"新型政商关系—收入分配—高质量发展"的研究是相互割裂的。本研究在探索"新型政商关系—收入分配—高质量发展"三个问题逻辑关系的基础上，补充和丰富了制度环境如何促进民营企业"效率"与"公平"统一的内在机制研究。在我国政府通过制度建设推动企业高质量发展和共同富裕的宏观背景下,要求企业在高质量发展中兼顾"效率"和"公平"。既要做大做好"蛋糕",更要切好分好"蛋糕"。但如何通过新型政商关系这种"软"制度建设促进民营企业"效率"与"公平"的统一尚需深入研究。研究在厘清"新型政商关系—收入分配—高质量发展"三者之间逻辑脉络的基础上,理论分析并探讨新型政商关系如何促进民营企业"效率"与"公平"的统一,并进一步研究了以上三个问题之间的传导机制。

第三,在研究方法上,现有文献存在不同的程度的内生性问题。本书通过多种方法克服研究中可能存在的内生性问题。内生性问题是公司金融研究中面临的重要挑战,利用聂辉华等(2018—2021)构建的涵盖中国285个城市的城市新型政商关系指数。对于新型政商关系与企业业绩、收入分配等之间的关系,从经典文献和历史现实的视角寻找影响当前制度的外生性因素,采用工具变量法解决可能存在的内生性问题。此外,本研究还通过排除样本区间其他影响结论的政策、行业周期性带来的收入结构变化以及变量度量误差引起的结果偏误等方式进行稳健性检验,保证结论的稳健性和可靠性。

2.2 收入分配相关理论

2.2.1 相关工资决定论

与工资收入分配相关的理论最具代表性的包括边际生产力工资

理论、均衡工资理论、集体谈判工资理论等。

边际生产力工资理论是由19世纪后期著名的美国边际主义经济学家约翰·贝茨·克拉克在其著作《财富的分配》中提出来的。边际生产力工资理论是一种静态分析工资分析法,即在没有经济活动扰动的情况下,经济所产生的自发力量决定财富生产和收入分配的分析。该理论利用边际生产力的概念来解释生产者的工资水平。该理论认为,劳动、资本(包括土地)等各生产要素的价格是由各自的边际生产力决定的,即工资取决于厂商增加一个劳动者所增加的产量。该理论假定其他生产要素投入不变的情形下,起初随着劳动投入的增加,边际生产力以逐渐递增的速度增加,但达到一定程度后,单位劳动所分摊的技术、材料、生产设备等就会出现不足,此时单位劳动投入所创造的产品价值将会低于上一个单位劳动所创造的价值,即呈现边际劳动生产力递减的规律。边际生产力工资理论支持收入分配不平等,其认为收入不平等对整体经济是有益的。即该理论坚信"水涨船高"和"向下渗透"的思想,认为经济增长可以让全社会的财富增加和提高全体人民的生活水平,对这一理论有力佐证是20世纪五六十年代,工业化的国家每一个社会群体的收入都在改善,其中最快的是社会低层收入最低的群体。但是第二次世界大战后的收入差距拉大则推翻了这种高收入群体收入增加会"向下渗透"到低层劳动者收入的思想,收入不平等现象快速加剧。同时依据该理论,公司员工工资应该由边际产出来决定,而高管—员工的薪酬差距也应该由两者的边际生产力差异来决定。然而,边际生产力理论却无法解释现实中公司高管天价薪酬产生的原因;同样也无法解释高管与普通员工之间薪酬差距的巨大(Lazear 和 Rosen,1981)。

第 2 章　文献综述与理论基础

供求均衡工资理论是由英国新古典经济学派的代表人物阿尔弗雷德·马歇尔于 19 世纪末 20 世纪初以均衡分析方法为基础提出的。马歇尔在其著作《经济学原理》一书中提出，工资是由劳动者这个生产要素的供需所产生的均衡价格。从供给的角度来讲，工资取决于两个因素：一是劳动力的生产成本，其主要包括劳动者负担自身及家庭的生活必需的支出，以及教育培训等费用。二是劳动者闲暇的效用。在马歇尔看来，工资是由劳动者需求和供给两种力量博弈产生的结果。马歇尔的供求均衡工资理论是当时社会上各种新旧分配理论的集合，既有新古典学派的分配思想，也吸收了边际生产力工资理论的思想精髓。马歇尔的研究将收入分配额度大小转向稀缺资源的配置，并把要素投入报酬与贡献联系起来，奠定了工资理论的基础。

集体谈判工资理论是随着 19 世纪后期工业革命后工会组织的逐渐兴起提出来的。该理论是在市场决定机制的基础上，通过对工会这个市场运行主体参与工资决定作用的重新认识而建立起来的。该理论最初由阿尔弗雷德·韦伯于 1897 年在其《工业民主》一书中提出，他首次将工资与谈判挂钩。在韦伯研究的基础上，英国经济学家阿瑟·塞西尔·庇古做了进一步研究。集体谈判工资理论认为，由于工会的作用，工资决定不再由完全竞争的劳动力模型决定，而是演变为非完全竞争的劳动力模型。也就是说，工资不再由劳动力的供求关系决定，而是将工会作为劳动者代表通过与投资者集体协商工资的方式来确定。自集体谈判工资理论提出以来，理论界的学者们进行了大量的研究。庇古在其著作《福利经济学》一书中重新建立了一种短期工资决定模型，这一模型主要讨论了劳资双方可以达成的工资上下限协议。但后来的新古典主义和制度经济学派认为，谈判只能作为一种形式，从长期趋势来看，影响工资的终究是劳动生产率。

2.2.2 委托代理理论

委托代理理论是由美国经济学家伯利和米恩斯于20世纪30年代深入观察投资者兼具经营者身份对企业的发展存在很大弊端时提出来的。委托代理理论倡导将企业所有权和经营权分离，即所有者保留剩余索取权，而将经营权让渡给经营者。此后，委托代理理论成为公司治理研究的逻辑起点。委托代理关系为，随着规模化生产的进一步扩大及劳动分工的进一步细化，资本所有者由于精力、知识等原因无法进行经营管理；但随着生产力提高和专业化分工，涌现出了具有专门管理和经营知识的经理人，他们可以行使被委托的权利。然而由于委托人和代理人的效用函数不同，委托人追求自身的财富最大化，而代理人则追求稳定的工资收入、闲暇时光及奢侈的消费，因此委托者和受托者出现利益冲突。从制度经济学的角度来讲，委托代理理论是由委托人和代理人的信息不对称和激励问题而发展起来的。由于信息不对称问题和利益冲突始终存在，通过设计一种有效的激励机制，使代理人的行为按照委托人设想的预期目标努力工作，使委托人和代理人在博弈中达到双赢。

解决委托代理问题的显性激励方法主要包括缓解信息不对称、有效的激励机制以及监督约束机制。由于委托代理理论产生的根源之一在于委托人和代理人之间的信息不对称，因此解决委托代理问题首要的问题是降低以上两者之间的信息不对称。比如，在企业实践中，委托人要求或通过立法等法律制度强制要求代理人定期、全面向委托人报告其工作内容、方式及结果等,定期的财务报告就是降低信息不对称的有效方式。虽然定期的财务报告能够在一定程度上缓解信息不对称产生的代理问题,但由于会计准则本身是由经营者报告、会计准则本身存在主观估计的成分以及代理人还会通过盈余管理等方式夸大业绩,使委托者据此无法判断代理人真实的工作努力程度,因此,需要建立一种有效的激励机制,促使代理人按照委托人预期的目标努力。

薪酬激励是目前使用最普遍的激励方式。即委托人以货币薪酬为对价,和代理人在事前签订的、需要代理人完成一定的业绩目标来获取薪酬的激励方式。然而由于契约本身无法将所有可预见的事情在事前讲清楚,因此契约本身是不完备的。这种不完备的契约执行起来存在一定的难度,货币薪酬本身也无法解决委托代理问题。因此,让"最重要、最难监督的成员拥有企业的所有权可以使企业的总价值最大化,即把企业的所有权安排给经营者是最优的"(张维迎,1996)。股权激励就是一种股东与管理层(员工)的合作机制,其设计的特点可以使管理层和股东共享利润、共担风险,促使管理者按照股东利益最大化的原则进行决策,减少和消除短期行为,从而有效地缓解公司股东与管理者之间的代理矛盾,降低代理成本(Jenson 和 Meckling,1976;Jensen 和 Murphy,1990)。此外,为了降低代理成本,鼓励代理人按照委托人的目标行事,购买董监高责任险也成为一种激励模式。该责任险起源于美国,随着 1993 年《证券法》的颁布而被通过,是在美国上市公司董事、高管人员的职业风险增加的背景下产生的。董监高责任险是上市公司为了防范董事、监事和高管在履职过程中,因工作疏忽或行为过失(不包括高管人员违反勤勉尽责义务、信息披露虚假陈述或其他误导性违法违规行为）而导致的民事赔偿责任，通过由董监高或其与公司共同投保的形式，将董监高承担的风险转嫁至保险公司，当董监高发生保险事故时，由保险公司进行赔偿的保险。相比于薪酬激励和股权激励等收益激励方式，董监高责任险的优势在于引入保险机构为管理层的经营决策失误兜底，以降低管理层的风险规避倾向，激励管理层努力工作。已有研究发现，董监高责任险作为一种为管理层行为"兜底"的风险管理方式，在上市公司公司治理、风险管理及投资者保护等方面发挥了积极作用。对代理人的监督机制既包括对代理人的激励，也包括相应的约束机制，比如把代理人的薪酬评价体系与惩罚机制结合起来，建立较为完善的内部控制机制，加强董事会和监事人对代理人的约束机制。

2.2.3 薪酬差距的相关理论

解释薪酬差距的相关理论主要包括两种竞争性的理论：锦标赛理论和行为理论。锦标赛理论是由 Lazear 和 Rosen（1981）在委托代理理论的基础上提出来的。该理论主要对企业内部存在的薪酬差距进行了解释。其认为，在企业内部，一个人的职位越高，其所获得的薪酬越高，低层员工为了获得高额薪酬便会争取升职的机会，即不同的高管层级之间以及高管与普通员工之间应存在一定的薪酬差距，以此来激励低层管理者和普通员工为了获得高薪和高级职位而努力。同时，薪酬差距还可以降低委托人的监督成本。在文献研究中发现，锦标赛理论被普遍运用和解释企业内部不同职位层级之间的薪酬差距。该理论同时也有效地解释了现实生活中的企业内部不同层级之间存在较大的薪酬差距现象（Rosen，1986）。

第 2 章　文献综述与理论基础

行为理论从公平的角度诠释了薪酬差距的影响作用。与锦标赛理论不同，该理论的核心观点是，薪酬设计的原则是不给领取薪酬的人带来不满（Min 等，1993）。因此，缩小薪酬差距能够满足员工的公平偏好心理，从而促进实质性合作，提高整体效益。行为理论主要包括四个分支：相对剥削理论、组织政治学理论、分配偏好理论和社会比较理论。

相对剥削理论认为，员工会将个人薪酬同组织中较高层级人员的薪酬作比较，如果低层级员工感觉到他们没有得到应该得到的薪酬，就会产生被剥削的感觉，从而会导致怠工、罢工等负面行为，或对组织目标的漠不关心，导致企业凝聚力下降；由于投入不易观察，人往往高估自己的投入，低估其他人的投入，而且只将薪酬作为比较对象，即使薪酬差异来源于不同的生产率，也可能认为是分配没有做到公平与公正，招致不满（Pfeffer 等，1993；Wade 等，2006）。组织政治学理论认为，薪酬差距会影响行为主体的选择。较大的薪酬差距不仅会挫伤低层员工努力的积极性，同时会诱导他们通过减少团队合作及实施政治手段等实现自利。分配偏好理论认为，薪酬是薪酬设定者和薪酬获得者共同作用的结果，应该在薪酬制定者和获得者之间的互动中决定。社会比较理论由 Festinger（1954）基于公平理论提出，后来 O'Reilly 等（1988）用该理论来解释"高管"的薪酬水平，该理论强调，不同层级之间趋于平均分配的薪酬机制有助于提高员工合作的积极性，提升业绩。Akerlof 等（1996）以公平理论为基础，指出较为扁平的薪酬结构有助于激发内部员工的合作精神，提高企业绩效。行为理论在诸多研究中得到了支持。比如张正堂和李欣（2007）、Martins（2008）、夏宁和董艳（2014）、Tao 等（2016）均研究发现高管内部薪酬差距与公司绩效之间呈负相关关系,这从研究结论上支持了行为理论。

2.3 政商关系影响企业收入分配相关理论

2.3.1 交易成本理论

交易成本理论是由英国著名经济学家罗纳德·哈里·科斯在1937年一篇名为《论企业的性质》的论文中提出来的。该理论主要用于解释企业这种组织为什么存在,即对企业存在的本质进行解释。科斯通过对当时工业革命后经济体系中的企业专业化分工以及市场的价格体系运作机理进行观察,研究发现市场价格产生的成本偏高,从而催生了企业机制,这是人类追求经济效率所产生的组织体。交易成本理论是采用制度比较解析的研究方法,研究组织制度的理论。该理论主要围绕节约交易成本这一终极目标,把交易作为基本研究单位,解析哪种交易应该用哪种组织来协调,才能节约交易费用。科斯认为,交易成本是获取准确市场信息,谈判、签订经常性契约所需要的费用。即交易成本由信息搜寻成本、谈判成本、缔约成本、履约成本、违约成本等构成。

科斯在尝试解释"企业为何存在"时发现的就是这种反复发生的交易成本。该理论的结论是,通过资源整合建立类似于企业的组织,即一种可能具有持久性的组织关系,可以节约在市场中的投入成本。例如,以与一家企业雇用一个雇员为例,对企业来说,能节约每天去市场上招聘雇员的成本；对雇员来说，则能减少每天去市场应聘的成本和失业成本。这种"持久性的组织关系"就是制度，包含契约和政策等。因此，依靠组织、契约以及政策等制度，采纳和利用标准化的度量标准，能够降低交易成本。

2.3.2 寻租理论

寻租理论是 1974 年由美国著名经济学家克鲁格（Krueger，1974）在探讨国际贸易保护主义政策形成原因的论文《寻租社会的政治经济学》中首次提出来的。克鲁格认为，寻租是利用资源通过政治特权构成对他人的损害大于租金获得者收益的行为。寻租概念提出来之后，著名的公共选择学派经济学家詹姆斯·麦吉尔·布坎南等对寻租理论进行了进一步的丰富和发展。布坎南认为，存在某种限制市场进入或市场竞争的制度或政策是寻租产生的基本条件，而这常常与政府干预产生的特权有关。魏杰和谭伟（2004）认为，寻租是指企业通过向其政府主管部门交租，可以得到政府提供的特殊保护，进而获得大量的超额利润，而对于政府来说，部分政府部门或政府官员通过拥有的行政审批权、行政许可权、行政划拨权等行政权力，进行"设租"和"收租"，可以使他们的薪水、权力、地位和提升机会实现最大化。陶国庆（2011）认为，寻租行为是典型的"负和博弈"，这种交易成本极高的非生产性寻利行为，将会导致社会资源的极大浪费。综合寻租的概念和理论界的研究成果，从政府与企业的关系角度来讲，寻租是企业这个寻租主体向政府具有某种行政权力、特权的政府官员寻租，以获得超额收益。虽然，在短期内寻租能够给寻租主体带来一定的经济利益，但从长期来看，寻租会造成社会资源的不公平分配和资源配置效率的低下，不利于整个经济社会的良性运转。因此，从本质上看，寻租是"设租"和"寻租"双方通过利益交换而造成浪费社会资源的非法性活动。

2.4 基本理论框架

从研究内容上讲，本书将"新型政商关系—民营企业内部收入分配—企业高质量发展"纳入同一个分析框架，通过"新型政商关系→业绩增长（做大'蛋糕'）→劳动收入份额提升（分好'蛋糕'）→内部薪酬差距缩小（分好'蛋糕'）→企业发展质量提高（提质增效）"的逻辑验证了新型政商关系促进民营企业业绩提升、收入分配公平及全要素生产率提升的传导机制。

从涉及的理论来讲，新型政商关系影响民营企业业绩的研究主要涉及寻租理论、交易成本理论。从做大"蛋糕"的机制来讲。按照"生产决定分配"的历史唯物论原理出发，在研究收入分配时首先要存在能够激励企业做大"蛋糕"的内在机制。根据资源依赖观，企业发展必须从外部环境获取一定的财务、人力、关系、信息等资源（Miller 和 Shamsie，1999）。而亲清的政商关系的构建通过抑制民营企业的寻租动机，降低企业的获取财务资源、社会资本、信息资源、技术资源等的交易成本，从而促进民营企业创新和业绩提升。

新型政商关系影响民营企业劳动收入份额的研究中涉及的理论主要包括工资决定理论、委托代理理论、寻租理论、交易成本理论。从劳资双方分好"蛋糕"的角度来讲,首先,在民营企业获取创新资源的基础上,新型政商关系能够利用技术创新过程中高技术人才需求的增加促进劳动力结构升级,进而提高劳动收入份额。其次,从长期趋势来讲,完全竞争市场的工资取决于劳动者的边际劳动生产力,但旧有的政商关系通过寻租增加了市场的垄断力量,导致产品的成本增加,加剧劳资双方分配的非公平性,而新型政商关系通过抑制民营企业的寻租动机、市场的交易成本来降低市场垄断,促进劳动收入份额提升。最后,新型政商关系的构建能提高最低工资标准,通过壮大低收入劳动者的工作搜寻队伍提高劳动力资源配置效率(Burdett 和 Mortensen,1998;罗小兰,2007);同时,新型政商关系还通过加强劳动保障法律法规的宣传以及劳动人事争议调解制度建设为保障最低工资落实提供了保障。劳动保障法律法规的宣传增强了劳动者维权意识,而劳动人事争议调解服务切实保障了劳动者权益的落实,减少了当事人维权成本,以上这些将降低劳动要素的交易成本。

新型政商关系影响民营企业高管—员工薪酬差距的研究中涉及的理论主要包括委托代理理论、寻租理论。从劳动者内部分好"蛋糕"的角度来讲,一方面,新型政商关系通过市场化、法治化建设破除"资本权力化",降低高管—员工薪酬差距。其中,政府通过"善治"关心企业等方式弱化民营企业利用寻租形成高管超额薪酬(资本权力化)的动机;与此同时,寻租的减少也会减少管理层通过建立政治关联产生的权力极化形成自定薪酬(权力资本化)问题,从而降低公司代理成本。

新型政商关系在收入分配促进民营企业高质量发展中的调节效应部分的研究中,涉及的主要理论包括委托代理理论、锦标赛理论与公平理论。首先基于锦标赛理论与公平理论两个竞争性理论提出基本假设；其次基于制度的完善在于促进社会的公平正义思想，提出政府会站在公共利益的角度处理和企业的关系，会促进员工对社会公平、正义的认同感，增进对不公平的厌恶感，进而影响全要素生产率。

综合以上研究内容与涉及的理论，本研究的理论框架如图2-2所示。

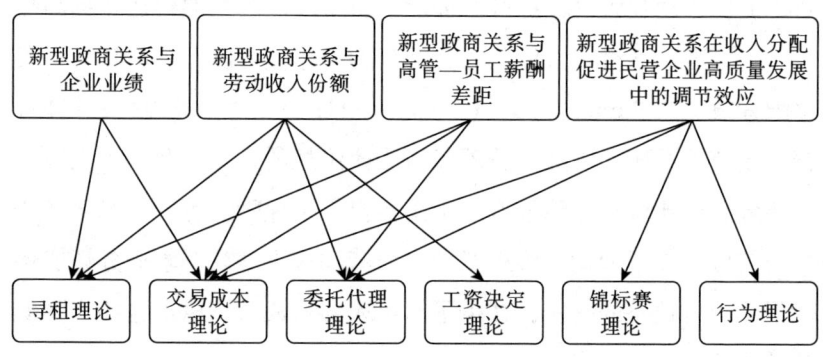

图2-2 基本理论框架

第3章 新型政商关系与企业业绩

改革开放以来,中国经济发展举世瞩目,民营经济从小到大、由弱变强,为我国经济的快速发展作出了巨大贡献。民营企业数量从2012年底的1085.7万户增长到2022年的4701.1万户,民营企业数量占比由79.4%提高到93.3%。不仅如此,民营经济以不到30%的土地矿产资源、不到40%的金融资源,为中国经济贡献了50%以上的税收、70%以上的技术创新成果、80%以上的城镇劳动就业,在国家级专精特新"小巨人"企业中的占比更是超过80%。然而,在我国经济转轨期,市场价格体系与法律制度不完善成为影响民营经济健康发展的体制性障碍。民营企业长期反映市场准入难、融资难及维权难;在垄断行业、基础设施建设和公共服务等方面投资受限,在市场竞争、要素索取及权益保护方面面临不公平待遇。为获取某种特权和资源,以政治关联为基本特征的旧政商关系发挥了非正式制度保护及政策性资源获取的特殊功能(田利辉和张伟,2013)。部分研究发现,政治关联能够突破管制壁垒,促进企业绩效提升(罗党论和唐清泉,2009)。然而更多研究发现,政治关联是利用资本绑架权力,是民营企业向政府寻租的一种手段,并会扭曲整个社会稀缺资源的有效配置(Charumilind等,2006;Claessens等,2008;何德旭和周中胜,2011)。基于组织任命约束下的政治目标和个人利益追求,"官员型高管"会把更多的资源用于非生产性活动,产生更大的政治成本和代理成本,政府干预下的人事控制扭曲了正常的企业高管激励机制,最终损害公司业绩(禄东等,2012;黄新建和刘苗,2018)。此外,政治关联带来的资源错配不仅会助推企业产能扩张,形成产能过剩(钱爱民和付东,2017)、导致财政资金的低效运作(潘越等,2009),还会因政治庇护恶化企业环境绩效(叶陈刚等,2016)、使客户和员工权益受损(杜兴强等,2013;王伊攀和朱晓满,2022),以及因对部分政治关联企业的产权保护和关照造成"政企不分",破坏市场公平竞争(田利辉和张伟,2013)。这种"亲而不清"的政商关系扭曲了市场整体资源配置效率,使市场无法及时有效地引导资源从低效率向高效率的行业转移(李海凤和史燕平,2014)。

随着我国反腐力度的加大,以政治关联为特征的旧政商关系被打破。然而,在高压反腐的政治环境中,政府与民营企业的关系转变为彻底的"清"而不"亲"(张国清等,2016);部分官员开始的抱着"无私者无畏"的心态,从"乱作为"演变成"为官不为",懒政怠政、推诿扯皮,无视企业的正当诉求,严重挫伤了民营企业发展的积极性(王帅,2019)。为了提高民营企业投资的积极性和经营活力,正常、健康的政商关系亟待构建。"亲清"政商关系是全面从严治党背景下,习近平总书记对如何处理政府与企业、厘清权力和资本之间的关系与边界,通过构建高质量营商环境,促进民营企业健康发展提出的新要求。新型政商关系以"亲""清"为两大核心内容。"亲"表现在政府通过领导干部视察、座谈等形式积极主动服务企业,民营企业要积极与政府多交流,说实情。"清"则表现在政府与民营企业的关系要清白,不搞以权谋私,廉洁奉公;民营企业则要走正道,遵纪守法,光明正大搞经营。新型政商关系以制度为根本、以法治为保障,为我国民营企业营造一种稳定的、可预期的"软"制度环境,有利于民营企业专心进行日常经营和技术创新,推动民营企业健康发展。

当前理论界对于新型政商关系的研究多数还局限在其内涵和路径构建上(张国清等,2016;毛寿龙,2016)。少量的研究主要从创新激励效应(管考磊,2019;周俊等,2020;杨兰品和孙孟鸽,2020)、引导民营企业履行社会责任(江炎骏和许德友,2020)、提高财务业绩稳健性(魏江等,2021)、提高投资效率(庄旭东和张翼飞,2021)等方面佐证了新型政商关系的正面作用,诸多有利于企业健康发展的因素亟待检验。在中国经济通过促进企业高质量发展和实现共同富裕的宏观背景下,本章从企业业绩角度考察新型政商关系如何将企业的"蛋糕"做大及其内在机制,为后续研究新型政商关系如何促进企业内部收入分配公平奠定基础。概括起来,本章具有如下的边际贡献:第一,拓展了政商关系领域的研究。本章以企业业绩为切入点检验了构建新型政商关系对民营企业财务业绩的影响,揭示了在中国情境下政府通过"扶持之手"营造良好营商环境的宏观调控作用,为我们认识新型政商关系如何发挥有为政府作用提供了新的视角。第二,本章基于资源依赖理论,研究新型政商关系的构建如何有利于民营企业对资源的获取,进而探究新型政商关系对民营企业实现做大"蛋糕"的积极作用。第三,揭示了新型政商关系影响业绩增长的机制和约束环境,这对我们认识和理解外部制度环境和企业其他治理机制之间存在的协同和互补关系提供了证据,为进一步提升营商环境对企业业绩的积极作用提供了现实路径。

3.1 理论分析与研究假设

按照"生产决定分配"的历史唯物论原理出发，收入分配一定要构建有利于激励企业做大"蛋糕"的内在机制。根据资源依赖观，企业发展必须从外部环境获取一定的财务、人力、关系、信息等资源（Miller 和 Shamsie，1999）。新型政商关系这种以市场化、法治化为主要特征的政商关系重塑了企业、政府与社会的信息交流机制，在优化资源配置的同时必然影响民营企业的资源获取和经营绩效。新型政商关系将通过以下渠道影响企业绩效。

3.1.1 新型政商关系有助于企业获取财务资源，提高企业业绩

首先，不同于其他国家，中国的国有商业银行在金融体系中占主导地位，政府作为国有商业银行的所有者和终极控制人，在一定程度上可主导银行信贷资源的配置（张敦力和李四海，2012）。新型政商关系下，政府会出于公共利益，在企业与国有商业银行沟通过程中积极协调与服务，提高企业的信贷融资效率。出于对政府的信任和合法性的认同，银行等正规金融部门会降低对企业的信贷排斥（何晓斌和柳建坤，2020），扩大信贷融资供给。同时，政府会推动和完善该区域的信用服务体系，缓解企业与其他金融机构之间的信息不对称，降低融资交易费用，提高信贷融资效率。不仅如此，新型政商关系还会积极推动区域内的数字普惠金融发展（如上海市黄浦区为构建新型的营商环境，发布《黄浦持续优化营商

环境6.0版方案》，将加强普惠金融服务支持作为核心内容），而这将进一步缓解金融抑制，提高企业流动资本获取，促进业绩提升。

其次，新型政商关系下，政企之间的信息沟通更顺畅，政府会更加公平地将政府补贴、税收减免等惠企政策配置给优秀的企业（管考磊，2019）；公共资源的配置还会产生信号传递作用，赋予企业政治合法性，可以有效降低企业与外部投资者之间的信息不对称，降低企业的外部融资成本（江炎骏，2021）。这将有效降低民营企业的日常运营成本，获得较强的资源竞争优势。

最后，新型政商关系对民营企业的主动关心将有效降低其寻租动机，提高企业财务绩效。在我国的二元经济模式下，企业经营所需的关键资源基本由政府掌控，政府在资源配置上具有绝对的话语权。政府会干预企业的微观经营，通过各种名目的"门槛""税费"等设租寻租，企业需要支付额外的租金才能正常经营。以"寻租"为路径寻求"特殊"的政策性资源的方式，会诱导企业将更多资源投入"寻租"的非生产性活动中（李后建和张剑，2015），这在事实上增加了企业的经营成本和时间成本。除此之外，已有研究发现，民营企业在寻租活动和技术创新之间存在替代性的资源配置关系（党力等，2015），寻求政治资源付出寻租成本挤占企业技术投资，抑制企业投资（李后建和张剑，2015；Xu和Yano，2017）。新型政商关系能够有效改变这一局面，"清"有助于约束政府权力和资本勾连，增强企业获取资源的合法性，削弱企业的寻租动机、提高寻租成本，使企业将寻租资源节约用于生产性活动，降低经营成本。比如，杭州市2020年搭建了"亲清在线"数字平台，以服务"始终在线"的方式，通过"诉求在线直达""政策在线兑付""服务在线落地""许可最多跑一次""服务绩效在线评价"等功能，使政府服务直达所有企业和员工成为常态化。河南省鹤壁市则组建了由161名机关干部组成的"服务管家"深入民营企业开展工作。"服务管家"解决了民营企业较为棘手的融资、用电、环保、用工及手续办理等问题。在"服务管家"的协助下，企业审批手续办理效率明显提高，政商关系更加融洽。行政透明度和便利化水平的提高不仅减少了企业的制度性交易成本，也能够有效监督和约束政府的权力，弱化企业的寻租动机。

3.1.2 新型政商关系有助于构筑企业社会资本，提高企业业绩

组织合法性理论认为，要获得政府、媒体、环保组织、社会公众等利益相关者的合法性认可，企业行为需要与当前的主流社会规范、价值观保持一致。新型政商将通过市场化手段进行资源要素配置，政商关系越"亲"，政府服务企业的水平越高，市场中介、金融服务要素市场发育程度越高。在较为发达的要素市场环境中，企业声誉成为要素供给方评估企业优良的重要依据。例如，风险投资机构对投资目标企业的声誉有严格的审查，企业通过履行 ESG 释放声誉信号，获取利益相关者资源支持的动力越强（沈奇泰松等，2014）。披露社会责任报告有助于提升企业的自身形象和社会认知度，进而有效减小资本约束（何贤杰等，2012；刘计含和王建琼，2012）。因此，新型政商关系有助于引导企业诚信经营，节能减排，维护股东、员工及消费者权益，进行慈善捐赠等社会责任，在得到利益相关者合法性认同的情况下，为企业构筑更多的社会资本。而社会资本作为一种促进社会信任合作的驱动力，可以通过促

进企业内部创新契约达成、外部融资渠道的畅通以及知识资源共享，促进企业创新潜力的释放，提高财务绩效（Hasan 等，2020；吴超鹏和金溪，2020）。

3.1.3　新型政商关系有助于企业获取信息资源，提高企业业绩

一方面，新型政商关系会通过政企信息沟通机制提高企业应对外部不确定性风险的能力。企业面临的政策不确定性是影响企业决策的重要因素。不确定性主要表现在民营企业无法判断现有政策的未来走向。根据实物期权理论，经济政策不确定性会使企业放弃目前的投资项目并选择延迟投资。以实物期权理论为依据的诸多研究均发现经济政策不确定性抑制了企业投资行为（饶品贵等，2017；刘贯春等，2020）。于文超和梁平汉（2022）研究发现，地方政策不确定性会造成企业的经营活力显著下降，但企业主个人化的政治联系则不能缓解地方政策不确定性的冲击。有效的制度能通过建立既定规则较清晰地界定主体间的关系，提高主体对不确定性环境下未来的预期，使交易的潜在收益变成实际收益（周建等，2010）。"亲清"政商关系下，通过官员走访、视察以及与企业领导交谈，企业可以更有效地了解政府的发展规划和产业政策，可预期的营商环境有利于企业激发企业活力、将有限资源配置到生产性活动中（于文超等，2022）。

另一方面，新型政商关系下，政府会积极落实政企互动政策，提高企业对未来政策走势信息获取能力，从而提高财务绩效。国家发改委于 2019 年 9 月 12 日发布的《关于建立健全企业家参与涉企政策制定机制的实施意见》（以下简称《意见》），要求对涉及企业

利益、影响企业经营的专项政策、重大规划、重大改革等，在制定过程中要广泛听取企业家建议，有的专项政策要吸收企业家代表参与政策起草。《意见》旨在推动政企互动交流机制和民营企业涉企政策的制定，并在此基础上，建立重大经济决策过程中政府主动向企业家问计求策的程序性规范。比如，杭州市政府于 2019 年抽调 100 名干部进驻阿里巴巴、吉利等民营企业，主动为企业协调政府事务、对相关政策进行解答及推动相关项目切实落地。新型政商关系下，政府会积极落实政企互动政策，这对于企业提早了解地方政府未来产业政策走向，降低企业投资的盲目性具有积极意义。

3.1.4 新型政商关系有助于企业获取创新资源，提高企业业绩

新型政商关系下，政府会基于民营企业的可持续发展进行以下长远利益考虑：第一，为鼓励和引导民营企业进行技术创新，政府会增加科技创新投入在 GDP 中的比重，提高对高新技术企业的扶持力度。第二，政府还会通过设立税收优惠、加强知识产权保护等政策创新，鼓励民营企业积极参与研发（管考磊，2019）。第三，企业创新需要技术人才储备，新型政商关系下，政府会加强高校科技研究和科研机构科技攻关能力的培养，同时构建高技术人才培养体系，为科技创新持续提供思想来源。第四，为推动科技创新的产业化和商业化运用，政府会大力推进科技成果转化机制，政府可以通过创建技术转移机构，为科技成果提供市场化转化的途径和平台。以上这些措施将会有效激发民营企业技术创新的动力和能力。

基于以上分析，提出以下假设：

H1：新型政商关系能够提高民营企业业绩。

3.2 新型政商关系影响企业业绩的机制分析

如前文所述，新型政商关系通过促进企业财务资源、社会资本、信息资源、技术资源等企业发展的关键资源的获取，促进企业业绩提升。从资源的角度讲，创新实际上是对企业内外资源的重新整合。因此，企业资源获取的便利性对极度依赖核心资源的技术创新极为重要。而技术创新能够通过促进企业成本缩减、新产品开发等获得市场竞争优势，从而促进企业业绩提升。

新型政商关系通过提高企业技术创新水平促进公司业绩的原因表现在以下几个方面：其一，新型政商关系下，高效的政企互动机制可使民营企业准确地获得政府支持企业创新的政策信息，促进企业有效运用产业政策和市场供求信息，提高技术创新的积极性。其二，新型政商关系构建的组织合法性信息产生的信号作用，不仅能够吸引更多风险投资者的关注（Ramana 和 Rhodes，2013），也能够积累更多的社会资本。风险投资者的创新投资和管理经验能指导被投资企业有效规避创新风险，提高创新成功的可能性；而社会资本产生的相互信任，不仅促使企业与其他组织的充分交流，获取知识资源，还能降低企业创新产生的外部性，减少知识产权被侵权风险，进一步促进企业创新（吴超鹏和金溪，2020）。其三，民营企业的寻租行为和技术创新是替代性关系（党力等，2015）。新型政商关系下，政府权力将受到更多的约束，政府对民营企业的干预减少，市场要素资源将更多地利用价格机制进行配置，这将增加企业寻租成本，引导民营企业将更多的资源投入技术创新中。其四，新型政商关系通过降低企业的外部融资成本和获得创新补贴（管考磊，2019），低成本的财务资源为高风险、投入大和周期长的技术创新投资提供了资源保障。技术创新对提高企业绩效具有显著促进作用（Ciftci 和 Cready，2011）。技术创新通过新产品开发产生的差异化战略、成本节约形成的成本领先战略，提高企业的竞争优势，获得较高的市场份额和超额利润。基于上述分析，提出以下假设：

H2：新型政商关系通过提高企业技术创新能力，促进民营企业业绩提升。

新型政商关系促进民营企业业绩增长的路径如图 3-1 所示。

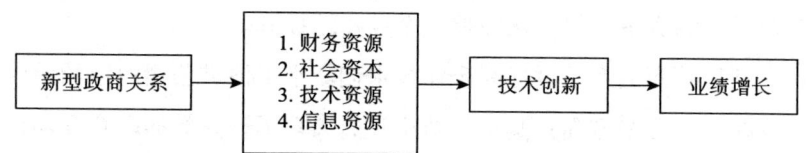

图 3-1　新型政商关系促进民营企业业绩增长的路径

3.3　研究设计

3.3.1　样本选择与数据来源

中国城市政商关系健康评价体系是由中国人民大学国家发展与战略研究院国发院课题组创建，由聂辉华教授作为课题组代表于 2018 年首次发布"中国城市政商关系排行榜（2017）"，对中国 285 个城市的政商关系健康指数进行排名。此后每年公布一次。因数据的可得性，共收集到 2017—2020 年四年的数据。基于此，本章选取 2017—2020 年沪深两市 A 股民营上市公司的研究样本，并剔除了金融保险类公司、当年 IPO 的公司、被特殊处理的公司以及相关数据缺失的公司。最终得到 2475 个样本观测值。涉及的主要变量数据来自 CSMAR 数据库以及"中国城市政商关系排行榜（2017—2020）"。为避免极端值对研究结果造成有偏的影响，对涉及的所有连续变量都进行了上下 1% 的缩尾处理。

3.3.2　模型设定与变量定义

借鉴 Manso（2011）、Chang 等（2015）、黎文靖和郑曼妮（2016）、伊志宏等（2018）的研究，构建模型（3-1）以研究新型政商关系对企业业绩的影响。

$$Roa_{i,t} = \alpha_0 + \alpha_1 Gbr_{j,t} + \sum_k \gamma_k Control + \sum Year + \sum Industry + \varepsilon_{i,j,t}$$

$$(3-1)$$

其中，i 表示各企业；j 是上市公司对应的城市，t 对应各年份。

（1）被解释变量

借鉴邓新明等（2016）的研究，采用资产收益率（Roa）作为企业绩效的代理变量。

（2）解释变量

利用聂辉华（2018—2021）等构建的涵盖中国 285 个城市的 2017—2020 年的城市新型政商关系指数。其中，政商关系总指数（Gbr）由亲近指数（Close）和清白指数（Clear）组成。总指数衡量各城市新型政商关系总体程度。亲近指数包括政府关心、政府服务、税费负担；清白指数包括政府廉洁度和透明度。该指数对所有指标进行了正向化、标准化处理，指标的分值均位于 0—100 分。为了更好地展示实证结果,本章对核心自变量政商关系总指数、亲近指数及清白指数除以100,并不影响研究的显著性。

(3) 控制变量

本章控制以下影响企业业绩的变量:企业规模(Size)、资产负债率(Lev)、独董比例(Indep)、两职合一(Dual)、股权制衡度(Balance)、管理层持股(Mshare)、机构持股(Inst)、审计质量(Big4)、上市年限(Listage)、市场化程度(Index)。具体变量定义如表3-1所示。

表3-1 主要变量定义

类别	名称	符号	定义
被解释变量	总资产收益率	Roa	净利润/平均资产总额
解释变量	新型政商关系	Gbr	政商关系健康总指数
		Close	政商关系亲近指数
		Clear	政商关系清白指数
控制变量	企业规模	Size	公司总资产的自然对数
	资产负债率	Lev	期末负债总额/(期初总资产+期末总资产)/2
	独董比例	Indep	独立董事人数/董事会人数
	两职合一	Dual	总经理和董事长两职合一时取1;否则取0
	股权制衡度	Balance	第一大股东持股比例/第二至第五大股东持股比例之和
	审计质量	Big4	企业被国际四大会计师事务所审计时取1;否则取0
	管理层持股	Mshare	管理层持股比例
	机构持股	Inst	机构投资者持股比例
	上市年限	Listage	公司上市年限
	市场化程度	Index	根据樊钢市场化指数
	行业	Industry	行业虚拟变量
	年度	Year	年度虚拟变量

3.4 实证结果及分析

3.4.1 描述统计分析

由表 3-2 主要变量的描述性统计结果可以看出，民营企业总资产收益率的均值为 0.046，标准差为 0.086，说明在样本区间内，民营企业各样本间整体盈利状况差异较大。政商关系总指数、亲近指数以及清白指数的均值分别为 0.596、0.495、0.712，标准差分别为 0.224、0.234、0.166，说明不同区域的新型政商关系程度差异也较大，这有助于我们的进一步研究。其他控制变量的描述性统计结果也较为合理，与近年来相关文献较为接近，这进一步说明了本章数据的可靠性。

表 3-2　描述性统计结果

变量	样本量	均值	标准差	最小值	中位数	最大值
Roa	2475	0.046	0.086	-0.302	0.046	0.250
Gbr	2475	0.596	0.224	0	0.574	1
Close	2475	0.495	0.234	0	0.466	1
Clear	2475	0.712	0.166	0.040	0.745	1
Size	2475	22.14	1.099	20.11	22.03	26.30
Lev	2475	0.387	0.177	0.067	0.381	0.867
Indep	2475	0.379	0.053	0.333	0.364	0.571
Dual	2475	0.356	0.479	0	0	1
Balance	2475	0.901	0.636	0.038	0.733	2.816

续表

变量	样本量	均值	标准差	最小值	中位数	最大值
Mshare	2475	0.196	0.202	0	0.127	0.658
Inst	2475	0.327	0.231	0	0.295	3.267
Big4	2475	0.034	0.181	0	0	1
Listage	2475	2.124	0.689	0.693	2.197	3.296
Index	2475	9.330	1.624	4.430	9.880	10.96

3.4.2 多元回归分析

为考察新型政商关系对企业业绩的影响,将反映企业业绩的变量(Roa)作为被解释变量对新型政商关系(Gbr)进行回归,结果如表3-3列(1)所示。新型政商关系与企业业绩的变量的回归系数为0.021,且在5%的显著性水平上显著。这表明新型政商关系能够促进民营企业业绩提升。以下进一步将亲近指数(Close)和清白指数(Clear),代入模型(3-1),回归结果如表3-3列(2)、列(3)所示。从中可以看出,亲近指数对企业的业绩影响显著为正,而清白指数的回归系数不显著。这表明新型政商关系主要通过提高政府服务水平,促进企业业绩提升,假设H1成立。

表3-3 新型政商关系影响公司业绩的基准回归分析

变量	(1)	(2)	(3)
	Roa		
Gbr	0.021**		
	(2.34)		
Close		0.020**	
		(2.39)	

续表

变量	(1)	(2)	(3)
		Roa	
Clear			0.006
			(0.55)
Size	0.021***	0.021***	0.021***
	(9.81)	(9.82)	(9.79)
lev	-0.164***	-0.164***	-0.163***
	(-12.48)	(-12.53)	(-12.37)
Indep	0.008	0.006	0.015
	(0.23)	(0.18)	(0.44)
Dual	-0.004	-0.004	-0.003
	(-1.02)	(-1.05)	(-0.88)
Balance	-0.006**	-0.006**	-0.006**
	(-2.27)	(-2.29)	(-2.29)
Mshare	0.037***	0.037***	0.038***
	(3.51)	(3.49)	(3.61)
Inst	0.056***	0.056***	0.056***
	(5.55)	(5.52)	(5.51)
Big4	0.011	0.011	0.012
	(1.33)	(1.32)	(1.46)
Listage	-0.023***	-0.023***	-0.023***
	(-7.88)	(-7.88)	(-7.88)
Index	-0.000	-0.000	0.001
	(-0.38)	(-0.31)	(0.60)
Constant	-0.352***	-0.350***	-0.358***
	(-7.31)	(-7.24)	(-7.46)
Industry & year	控制	控制	控制
N	2475	2475	2475
Adj_R^2	0.197	0.197	0.195

注：*、**、***分别表示在10%、5%、1%水平上显著；采用公司层面的聚类稳健标准误进行调整。

控制变量的检验结果显示，企业规模与业绩呈正相关关系，这源于企业规模（Size）带来的成本节约和市场势力，成本加成率较高；管理层持股（Mshare）与企业业绩呈正相关关系，这说明管理层持股能有效协调管理层与股东利益的一致性，提高管理层的工作努力程度，缓解其机会主义行为，促进企业业绩提升。机构投资者持股比例（Inst）与企业业绩呈正相关关系，这说明机构投资者作为一种外部监督力量能有效降低企业融资成本，提高企业业绩。

3.4.3 稳健性与内生性检验

为了进一步验证上述结论的可靠性，采用替换解释变量、内生变量采用滞后一期、工具变量法等多种方法进行稳健性检验。

第一，替换解释变量。"中国城市政商关系排行榜"中的城市政商关系健康指数在很大程度上反映了各城市政商关系的相对优劣，得分并不具有实际意义，因此，参考管考磊（2019）的做法，将样本期间的企业政商关系得分按照从低到高依次赋值，分为十组，重新度量政商关系健康指数。结果如表3-4的Panel A所示，回归结果与基准检验一致。

表3-4　　　　　稳健性与内生性检验

变量	(1)	(2)	(3)
	Panel A：替换解释变量		
Gbr	0.002 ***		
	(3.26)		
Close		0.002 ***	
		(3.45)	

续表

变量	(1)	(2)	(3)
	Panel A：替换解释变量		
Clear			0.000
			(0.76)
Controls	控制	控制	控制
Industry & Year	控制	控制	控制
N	2475	2475	2475
Adj_R^2	0.199	0.199	0.195
变量	Panel B：内生变量采用滞后一期		
Gbr	0.048***		
	(2.62)		
Close		0.050***	
		(2.74)	
Clear			0.029
			(1.22)
Controls	控制	控制	控制
Industry & Year	控制	控制	控制
N	895	895	895
Adj_R^2	0.134	0.134	0.128
变量	Panel C：工具变量法		
Gbr_IV	0.010***		
	(3.56)		
Close_IV		0.009***	
		(3.35)	
Clear_IV			0.02***
			(4.14)
Controls	控制	控制	控制
Industry & Year	控制	控制	控制

续表

变量	(1)	(2)	(3)
	Panel C：工具变量法		
Hausman	0.00	0.02	0.04
F_Test	931.275	874.63	327.96
N	2476	2476	2476
Adj_R²	0.614	0.564	0.395

注：*、**、*** 分别表示在10%、5%、1%水平上显著；采用公司层面的聚类稳健标准误进行调整。

第二，内生变量采用滞后一期。为了解决遗漏变量产生的内生性问题，将内生变量采用滞后一期替代当期内生变量。其基本思路为，内生变量的上一期与当期误差项并不存在相关关系，但与本期的内生变量存在关系。将新型政商关系指数的滞后一期数据代入模型（3-1）后进行回归，结果见表3-4的Panel B，回归结果与基准检验一致。

第三，工具变量法。尽管政商关系对于微观企业而言是外生的，但由于企业盈利水平整体上对区域制度环境的形成具有一定的影响，双向因果关系可能依然存在。本章参考夏广瑞（2020）、刘修岩等（2017）的做法，使用同省份的其他城市的平均政商关系健康指数以及城市的河流密度①作为工具变量（IV）。基本思想是，同省份其他城市的平均政商关系健康指数可能与该城市的政商关系相关，但并不会直接影响该企业的业绩水平。河流密度不会影响企

---

① 河流密度信息来源于国家基础地理信息中心的中国地理信息：河流矢量和中国县域行政边界矢量；计算方法：首先，依据河流矢量和中国县行政边界矢量地理信息，算得每个县河流的总长度；其次，依据各县的行政区划面积，计算中国各县河流密度（线面比）。

业财务绩效，但影响区域行政区域划分，行政区域划分越多，各区域的竞争越激烈，对政商关系的形成具有一定的影响，这在存在"标尺竞争"现象的地方尤为明显。本章采用两阶段最小二乘法（2SLS）进行回归，结果见表 3－4 的 Panel C，Gbr_IV、Close_IV、Clear_IV 的系数均在 1% 的水平下显著，这表明新型政商健康指数与企业业绩的正相关关系依然存在。Hausman 检验通过了工具变量是否外生的检验；且 F 值的结果拒绝了弱工具变量假设。

3.5 新型政商关系促进民营企业业绩提升的机制检验

以上分析阐述了新型政商关系通过促进企业财务资源、社会资本、信息资源、技术资源等关键资源的获取，有效解决民营企业的技术创新中的资源约束问题，从而促进企业业绩提升。技术创新在新型政商关系与企业业绩之间发挥了中介作用。然而这一影响机制是否真实存在尚不得而知。

为了证明这一逻辑关系成立，以下将从新型政商关系影响企业技术创新，进而影响业绩的逻辑来验证。本章以创新投入（R&D）和创新产出（Patent）来度量技术创新能力。其中，创新投入借鉴 Adhikari 等（2016）、潘越等（2015）的研究，采用研发支出占期初营业收入的比例来度量。对创新产出，运用以下几个维度对公司创新产出进行度量：一是专利申请数，二是授予数，三是引用数。Griliches（1990）研究认为，专利申请数比实际授予数更能反映公司的真实创新水平，而且国内的确也缺少专利引用的相关数据。基于以上原因,选取专利申请数(Patent)来度量创新产出。参照 Baron 和 Kenny(1986)做法,通过中介效应模型进行检验。

第一步,检验新型政商关系(Gbr/Close/Clear)对公司业绩(Roa)的总效应。由于总效应在主检验中已得到验证,在此不再赘述。

第二步,检验新型政商关系和创新投入(R&D)与创新产出(Patent)的关系。如表 3-5 的 Panel A 列(1)和 Panel B 列(1)所示,Gbr 的系数分别为 0.020、0.382,且均在 1% 水平上显著,即创新投入和创新产出对新型政商关系的反应均显著为正,这表明新型政商关系确实会提高企业的技术创新能力。

表 3-5　　　　　新型政商关系、技术创新与企业业绩

变量	Panel A:创新投入					
	(1)	(2)	(3)	(4)	(5)	(6)
	R&D	Roa	R&D	Roa	R&D	Roa
Gbr	0.020***	0.022***				
	(17.06)	(3.21)				
Close			0.016***	0.019***		
			(14.60)	(3.16)		
Clear					0.021***	0.011
					(15.31)	(1.42)
R&D		-0.191*		-0.164*		-0.109
		(-1.86)		(-1.67)		(-1.08)
Controls	控制	控制	控制	控制	控制	控制
Industry & Year	控制	控制	控制	控制	控制	控制
N	2198	2197	2198	2197	2198	2197
Adj_R^2	0.419	0.167	0.398	0.166	0.401	0.163

续表

变量	Panel B：创新产出					
	(1)	(2)	(3)	(4)	(5)	(6)
	Patent	Roa	Patent	Roa	Patent	Roa
Gbr	0.382***	0.020***				
	(2.99)	(3.21)				
Close			0.387***	0.017***		
			(3.21)	(3.04)		
Clear					0.296*	0.009
					(1.90)	(1.30)
Patent		−0.002*		−0.002*		−0.002*
		(−1.72)		(−1.83)		(−1.72)
Controls	控制	控制	控制	控制	控制	控制
Industry & Year	控制	控制	控制	控制	控制	控制
N	2198	2197	2198	2197	2198	2197
Adj_R^2	0.275	0.155	0.276	0.167	0.274	0.164

注：*、**、*** 分别表示在10%、5%、1%水平上显著；采用公司层面的聚类稳健标准误进行调整。

第三步，将中介变量和新型政商关系同时放入模型（3-1）中进行检验。由表3-5的Panel A的列（2）和Panel B列（2）可知，创新投入和创新产出的系数均显著，这说明创新投入和创新产出在新型政商关系影响企业业绩的过程中发挥了部分中介效应；利用同样的检验程序对亲近指数、清白指数进行检验后发现，研发投入和创新产出同样在亲近指数与企业业绩之间发挥了部分中介效应。

3.6 进一步分析

整体而言，构建新型的政商关系会对企业业绩产生正面影响，但因企业所处环境、个体特征的差异而产生不同影响。以下从政治关联、融资约束两个角度进行分析。

3.6.1 政治关联的视角

本章进一步考察政治关联异质性下，新型政商关系对企业业绩的影响。政治关联是正式制度缺乏的环境中，企业为获得各种"优惠"和"特权"，与政府部门或拥有政治权力的个人之间形成的非正式关系。新型政商关系的基本内涵是构建能够满足公共价值创造需求和促进公共利益的市场化、法治化基础上平等、合作、有益的政商关系（王帅，2019）。这种建立在市场化、法治化基础上的具有普惠性质的政商关系在破除企业通过政治关联获取非法"特权"和资源的同时，更有利于促进非政治关联企业的健康发展。具体地，政商之间的"清"使得由"资本绑架权力"式的政治关联带来的资源获取优势丧失；政商之间的"亲"更有利于政府站在公共利益的角度公平、平等地服务民营企业，这对非政治关联企业的影响更大。参照 Fan 等（2007）、张雯等（2013）的研究，政治关联采用虚拟变量进行设置，当民营企业的董事长或总经理曾经或当前在中央、地方政府部门任职；或者担任过人大代表或政协委员，则界定为民营企业存在政治关联，取值为 1；否则取值为 0。基于政治关联视角的异质性分析结果如表 3-6 所示,我们发现新型政商关系对非政治关联企业业绩的影响更大,该结论印证了我们之前的推断。

表 3-6　新型政商关系影响企业业绩的异质性分析——政治关联

变量	(1) 政治关联	(2) 非政治关联	(3) 政治关联	(4) 非政治关联	(5) 政治关联	(6) 非政治关联
Gbr	0.010	0.022**				
	(0.75)	(2.44)				
Close			0.008	0.023**		
			(0.62)	(2.57)		
Clear					-0.001	0.010
					(-0.03)	(0.88)
Controls	控制	控制	控制	控制	控制	控制
Industry & Year	控制	控制	控制	控制	控制	控制
Prob > chi2	0.0354**		0.0801*		0.6512	
N	793	1682	793	1682	793	1682
Adj_R^2	0.220	0.201	0.220	0.201	0.219	0.198

注:*、**、*** 分别表示在 10%、5%、1% 水平上显著;采用公司层面的聚类稳健标准误进行调整。

3.6.2　融资约束的视角

依据资源依赖理论,企业拥有的财务资源、社会资本、信息资源、技术资源等均是影响企业发展的关键资源(Miller 和 Shamsie,1999),而民营企业的可持续发展在于持续的创新能力。但长期以来,我国民营企业始终面临融资难、融资贵的体制性障碍,成为民营企业技术创新和可持续发展的核心制约因素(Midrigan 和 Xu,

2014）。而建立在官商私人互利基础上的政商关系并不能有效缓解民营企业的融资约束（张璇等，2017）。新型政商关系能够通过畅通民营企业融资渠道、合法的政府补贴、寻租费用的减少等缓解企业融资约束（管考磊，2019），促进公司业绩提升。如果这一逻辑成立，则融资约束更高的企业受到政商关系改善的影响更大。基于以上分析，采用SA①指数来度量企业面临的融资约束。按照行业——年度中位数将融资约束分为高、低两组。基于融资约束视角的异质性分析检验结果见表3－7，我们发现企业面临的融资约束程度较高时，新型政商关系对企业业绩的正面影响更大。

表3－7 新型政商关系影响企业业绩的异质性分析——融资约束

变量	(1) 融资约束高	(2) 融资约束低	(3) 融资约束高	(4) 融资约束低	(5) 融资约束高	(6) 融资约束低
Gbr	0.037***	0.014				
	(2.63)	(1.11)				
Close			0.034***	0.015		
			(2.60)	(1.25)		
Clear					0.022	-0.006
					(1.18)	(-0.39)
Controls	控制	控制	控制	控制	控制	控制
Industry & Year	控制	控制	控制	控制	控制	控制
Prob > chi2	0.0541		0.0732		0.1860	
N	1125	1350	1125	1350	1125	1350
Adj_R²	0.254	0.248	0.254	0.248	0.250	0.247

注：*、**、*** 分别表示在10％、5％、1％水平上显著；采用公司层面的聚类稳健标准误进行调整。

---

① SA指数是利用具有很强外生性的变量：企业规模与成立时间长短构建的融资约束变量，指数为负且绝对值越大，融资约束程度越高。

3.6.3 多个大股东参与治理的视角

股权结构作为公司治理研究的逻辑起点（Becht 等，2003），是影响企业运行的核心制度安排。以往研究发现，多个大股东并存的股权结构在我国和西方国家的企业中普遍存在（Laeven 和 Levine，2008；Edmans 和 Manso，2011；Claessens 等，2000）。多个大股东的股权结构来源于分权制衡理论，通过"分权控制"，在主要股东之间形成竞争关系，既可避免大股东一股独大下的监督过度和决策失误，又能够对经理人形成有效制约（郑志刚，2019）。我国上市公司一般赋予持股超过10%股东派出至少一名董事或者高管参与董事会的权利，这对其他大股东"话语权"的建立和实质性影响公司经营决策提供了制度支持（姜付秀等，2017；Boubaker 等，2017）。已有研究发现，多个大股东能够提升企业风险承担能力（Mishra，2011）、投资效率（Jiang 等，2018）。新型关系促进民营企业财务资源、社会资本、信息资源、技术资源等关键资源的获取，但合理、有效地运用这些资源需要较完善的公司治理结构予以保障。基于公司治理机制之间的互补作用，我们预期新型政商关系对企业业绩提升的作用在存在多个大股东的公司更为显著。

以往研究发现，上市公司的股东持股10%及以上就有能力影响公司经营决策（Laeven 和 Levine，2008；Attig 等，2009）。我国经济法规定，股东持股比例大于或等于10%就可以申请召开股东大会。在我国的上市公司实践中也发现，股东持股10%及以上便可以派出至少一位董事或高管获得董事会席位（朱冰等，2018；

王运通和姜付秀,2017),从而影响公司经营决策。结合已有文献和我国的公司实践,将持股超过10%的股东定义为大股东。同时考虑到"一致行动人"在行使表决权时采取一致行动。参考姜付秀等(2017)的研究,将"一致行动人"股东的持股数量合并为一个股东。对公司是否存在多个大股东采用虚拟变量(Muti)进行度量,若公司存在两个及两个以上持股比例等于或大于10%的股东,Muti取1;否则取0。基于多个大股东参与治理视角的异质性分析检验结果如表3-8所示,我们发现在多个大股东的组别,新型政商关系对企业业绩的影响更大,该结论支持了我们的推断。

表3-8 新型政商关系影响企业业绩的异质性分析——多个大股东

变量	(1) 多个大股东	(2) 单一股东	(3) 多个大股东	(4) 单一股东	(5) 多个大股东	(6) 单一股东
Gbr	0.026**	-0.017				
	(2.13)	(-1.53)				
Close			0.028**	-0.013		
			(2.46)	(-1.26)		
Clear					0.002	-0.025*
					(0.16)	(-1.82)
Controls	控制	控制	控制	控制	控制	控制
Industry & Year	控制	控制	控制	控制	控制	控制
Prob > chi2	0.0166*		0.0140*		0.1949	
N	1358	1005	1358	1005	1358	1005
Adj_R^2	0.200	0.286	0.201	0.285	0.198	0.287

注:*、**、***分别表示在10%、5%、1%水平上显著;采用公司层面的聚类稳健标准误进行调整。

3.7 本章小结

从"生产决定分配"的历史唯物论原理出发,收入分配一定要有利于发展生产力的鼓舞、激励做大"蛋糕"的机制问题。构建"亲而有度、清而有为"的新型政商关系对于提高民营企业经济活力和财务绩效具有重要的意义。作为我国社会经济发展的重要支撑力量,民营企业的健康发展一直受制于市场价格体系与法律制度不完善带来的体制性障碍。市场准入难、融资难及维权难等是民营企业长期面临的客观难题。虽然,以政治关联为典型特征的旧有政商关系发挥了非正式制度保护与政策性资源获取的特殊功能,但被更多的研究发现是利用资本绑架权力,是民营企业向政府寻租的一种手段,并会扭曲整个社会稀缺资源的有效配置。本章以习近平总书记提出的"亲清"政商关系为切入点,研究划清"权力"和"资本"界限如何促进企业做大"蛋糕"。研究发现,"亲清"政商关系有利于提升企业业绩。该结论在排除其他可能性解释、变量度量误差以及遗漏变量等一系列稳健性与内生性检验后依然成立。新型政商关系通过促进企业财务资源、社会资本、信息资源、技术资源等企业发展的关键资源的获取,有效解决了民营企业的技术创新中的资源约束问题,从而促进企业业绩提升。异质性分析发现,新型政商关系促进企业业绩提升的作用在非政治关联企业、融资约束严重的企业更为显著,而多个大股东参与治理能够通过新型政商关系促进企业业绩提升。本章从厘清政府与企业的边界,划清权力与资本界限的视角,分析了新型政商关系促进民营做大"蛋糕"

的问题，这对我们进一步实现企业内部不同利益群体间的共同富裕具有重要的意义。

第一，构建"亲而有度、清而有为"的政商关系能够促进民营企业把"蛋糕"做大。这对实现解决我国80%以上城镇就业的民营企业内部不同利益群体间的共同富裕具有基础保障作用。因此，在我国出口受阻、投资拉动经济乏力、力求通过消费拉动内需的宏观背景下，应进一步推动新型政商关系的构建，纠正扭曲的政商关系，以新型政商关系构建促进民营企业健康发展。

第二，新型政商关系促进企业业绩提升的路径在于：新型政商关系有助于解决民营企业发展中的资源约束问题，提升民营企业技术创新能力。作为我国技术创新的主力军，新型政商关系通过技术创新驱动民营企业技术创新，对实现我国经济由高速增长阶段向高质量发展阶段过渡具有重要意义。

第三，新型政商关系更有利于促进非政治关联企业业绩提升的结论，进一步验证了政商之间的"亲"更有利于政府站在公共利益的角度公平、平等地服务民营企业，这为新型政商关系能够整体提升民营企业信心和稳定政策预期提供了重要的经验证据。在新型政商关系的背景下，民营企业应放开手脚、轻装上阵，大胆发展。

第四，新型政商关系和多个大股东对企业业绩提升具有协同治理作用，这说明改善外部制度环境能够促进民营企业发展，这有赖于公司内部较完善的公司治理机制。因此，民营企业在改变与政府关系的同时，也要提升公司内部治理水平，从而更好地促进发展。

第4章
新型政商关系与民营企业劳动收入份额

劳动收入反映了劳动者共享经济发展成果的多寡，对我国国民收入分配格局有着基础性影响，是衡量共同富裕程度的重要指标。劳动收入份额提升是保障我国全体人民分享经济发展成果的重要路径（施新政等，2019）。已有研究普遍发现，20世纪80年代后劳动收入份额下降已成为全球趋势（文雁兵和陆雪琴，2018），1980—2011年，世界主要经济体的劳动收入份额从64%下降到了59%，且整体仍然呈现持续下降趋势（Karabarbounis和Neiman，2013）。我国劳动收入份额整体从1978年的50%左右下降到2008年的45%左右，2008年国际金融危机之后，外部出口需求和内部要素结构的双重变化使得这一趋势有所逆转，由2008年的45%上升到2020年的55.7%，但总体上仍低于世界的平均水平（刘亚琳等，2018；刘长庚和柏园杰，2022）；财产性收入份额在同期内一直处于上升趋势，从2.5%提高到8.7%。劳动收入份额下降成为我国个人收入分配差距扩大的主要原因（刘国光，2008）。劳动收入份额较低使劳动者未能充分分享经济发展的成果，不仅不利于居民消费增长和经济的平衡发展（Piketty，2003；Autor等，2017），还有可能恶化收入分配格局，进一步扩大贫富差距（Daudey 和 Garcia‐Peanlosa，2007），从而导致消费不足、劳资关系冲突，甚至提高我国陷入"中等收入陷阱"的潜在风险，严重影响我国的可持续发展。尤其是我国当前正陷入中美贸易摩擦的旋涡，在出口受阻以及投资拉动经济乏力的情形下，通过提高劳动收入份额来拉动内需已迫在眉睫。2012年国务院批准的《收入分配改革方案要求》，"初次分配和再分配都要兼顾效率与公平；着重提高居民户收入在国民收入分配中的比重；劳动报酬在初次分配中的比重"。党的十九大报告指出，"坚持在经济增长的同时实现居民收入同步增长、在劳动生产率提高的同时实现劳动报酬同步提高"。党的二十大报告指出，"分配制度是促进共同富裕的基础性制度。坚持按劳分配为主体、多种分配方式并存，构建初次分配、二次分配、第三次分配相协调相配套的制度体系。努力提高居民收入在国民收入分配中的比重，同时提高劳动报酬在初次分配中的比重"。而我国现阶段社会主要矛盾中的"不平衡、不充分"也突出表现在人与资本之间的矛盾，即"分的不好"矛盾。

改革开放以来，中国经济发展举世瞩目，民营经济从小到大、由弱变强，为我国经济的快速发展作出了巨大贡献。"先富起来"的民营企业家群体，是推动实现共同富裕的重要力量。然而，在我国的二元经济模式中，始终存在影响民营经济健康发展的体制性障碍。民营企业长期反映市场准入难、融资难及维权难；在垄断行业、基础设施建设和公共服务等方面投资受限，在市场竞争、要素索取及权益保护方面面临不公平待遇，以上各种"弹簧门""玻璃门""旋转门"形成的"清而不亲"的政商关系严重挫伤了民营企业发展的积极性。为获得各种"优惠"和"特权，民营企业热衷于通过与政府建立政治关联（罗党论和黄琼宇，2008；吴文锋等，2008；余明桂和潘红波，2008；杜兴强等，2010），这种政商关系虽然在一定程度上为政治关联企业带来融资便利（罗党论和甄丽明，2008；唐建新等，2011）、税收优惠（吴文锋等，2009）、政府补贴（郭剑花和杜兴强，2011；余明桂等，2010）等好处。但被更多的研究发现是利用资本绑架权力，是民营企业向政府寻租的一种手段，并会扭曲整个社会稀缺资源的有效配置（Charumilind等，2006；Claessens等，2008；何德旭和周中胜，2011）。尤其是"亲而不清"的政商关系产生的政治租金独享不仅加剧了民营企业劳动收入份额的下降（魏下海等，2013），还通过权力极化导致企业内部薪酬差距加大（杜兴强等，2013）。逐渐失衡的收入分配不仅恶化了劳资关系，也使其成为影响我国社会和谐的重要因素之一。

如何破解由资本与权力冲突产生的资源配置扭曲，缓和劳资关系，实现初次分配的公平正义是转型经济体面临的客观难题。"亲清"政商关系是全面从严治党背景下，习近平总书记对如何处理政府与企业、厘清权力和资本之间的关系与边界、通过构建高质量营商环境促进民营企业健康发展提出的新要求。已有研究从创新激励效应（管考磊，2019；周俊等，2020；杨兰品和孙孟鸽，2020）；引导民营企业履行社会责任（江炎骏和许德友，2020）、提高财务业绩稳健性（魏江等，2021）、提高投资效率（庄旭东和张翼飞，2021）等方面证实了新型政商关系的治理作用，并没有考虑劳动力收入分配这一重要因素。在我国经济通过共同富裕实现高质量发展背景下，考察新型政商关系对劳动收入份额的影响，具有重要的理论意义及现实意义。概括起来，本章的边际贡献如下：

第一，拓展了政商关系领域的研究。学术界对于转轨时期政府角色定位的争论一直不断。本书以劳动收入份额为切入点，验证了构建新型政商关系对民营企业优化收入分配结构的影响。揭示了在中国本土情境下，政府如何通过外部"软"制度环境的改善，发挥"有为政府"对实现收入分配公平的宏观调控作用，为我们认识新型政商关系下政府的市场定位提供了新的视角。

第二，进一步丰富了劳动收入份额影响因素的相关研究。基于中国的制度背景，已有文献从贸易政策不确定性（毛其淋和杨琳琛，2022）、资本市场开放（江轩宇和朱冰，2022）、外商直接投资（邵敏和黄玖立，2010）、技术进步（张莉等，2012）、数字金融发展（熊家财等，2022）、企业金融化（罗明津和铁瑛，2021）、去杠杆（刘长庚等，2022）、企业所得税（Li 等，2021）、市场垄断（白重恩等，2008）、融资约束（罗长远和陈琳，2012）等方面考察了劳动收入份额的影响因素。缺少从有为政府视角分析政府的积极作为，权力约束对企业劳动收入份额的影响。本书率先聚焦"亲清"政商关系，丰富了新型政商关系影响企业劳动收入份额这一领域的研究。

第三，丰富了新型政商关系经济后果领域的研究。当前理论界对于新型政商关系的研究多数还仅仅局限在其内涵和路径构建上（张国清等，2016；毛寿龙，2016）。少量的研究主要从创新激励效应（管考磊，2019；周俊等，2020；杨兰品和孙孟鸽，2020）、引导民营企业履行社会责任（江炎骏和许德友，2020）、提高财务业绩稳健性（魏江等，2021）、提高投资效率（庄旭东和张翼飞，2021）等方面探讨了新型政商关系构建的经济后果。但并未涉及民营企业收入分配领域的研究，本章从劳动收入份额的维度开展研究，为构建新型政商关系的实际经济后果提供了补充性的经验证据。

第四，揭示了新型政商关系影响劳动收入份额的内在机理和适用环境，这为我们认识和理解外部制度环境和企业其他治理机制之间的协同和互补关系提供了证据，为政府进一步通过改善营商环境更好地促进劳动收入份额提升提供了现实路径。

4.1 理论分析与研究假说

新型政商关系以"亲""清"为两大核心内容。"亲"主要表现为政府通过企业考察、座谈等形式主动服务企业，对企业来讲，要主动与政府部门多交流，说实情，建诤言；"清"则表现为政府对企业的信息公开透明，公正廉洁，企业则要洁身自好、遵纪守法办企业、光明正大搞经营。新型政商关系主要从以下几个方面影响企业劳动收入份额。

4.1.1 新型政商关系、融资约束缓解与企业劳动收入份额

已有研究发现，融资约束是导致民营企业劳动收入份额下降的重要原因。融资约束会限制企业对劳动报酬的支付能力，降低企业劳动收入份额（Aziz 和 Cui, 2007; 罗长远和陈琳, 2012; 汪伟等, 2013）。一方面，企业的日常营运资本和员工工资主要依赖于债务融资进行补充（Neumeyer 和 Perri, 2005）。当企业面临的外部融资约束加剧，且其发展主要依赖于内源融资时，挤占劳动者报酬几乎成为增加资本积累的唯一途径，即融资约束造成的"利润侵

蚀工资"现象将导致劳动收入份额下降（汪伟等，2013；林志帆和赵秋运，2015）。因此，资金缺乏的企业会因为本身流动资金规模受限，倾向于通过减少劳动力的雇佣或降低工资水平来降低运营成本，这将造成劳动收入份额下降。另一方面，当企业面临较高的融资约束时，固定资产等资本要素除了为企业带来边际产出价值外，还能凭借自身较高的抵押价值为企业带来额外的融资收益。在此情形下，企业通常倾向于增加投资固定资产等资本要素以增强其信贷能力，而削减劳动力需求或降低劳动报酬，则将制约劳动收入份额的增长。以政治关联为基本特征的政商关系，各类信息较为不透明，企业在融资手续、方式、过程等方面需耗费较多时间和成本，这使企业融资成本上升，而事实上寻租腐败未能真正缓解企业的融资压力（张璇等，2017）。

新型政商关系能够缓解企业融资约束，促进劳动收入份额提升。首先，不同于其他国家，中国的国有商业银行在金融体系中占主导地位，政府作为国有商业银行的所有者和终极控制人，在一定程度上可主导银行信贷资源的配置（张敦力和李四海，2012）。新型政商关系下，政府会出于公共利益，在企业与国有商业银行沟通过程中进行积极协调与服务，提高企业的信贷融资效率。出于对政府的信任和合法性的认同，银行等正规金融部门会降低对企业的信贷排斥（何晓斌和柳建坤，2020），扩大信贷供给。同时，政府会推动和完善该区域的信用服务体系，缓解企业与其他金融机构之间的信息不对称，降低融资交易费用，提高信贷融资效率。不仅如此，新型政商关系还会积极推动区域内的数字普惠金融发展（如上海市黄浦区为构建亲清的营商环境，发布《黄浦持续优化营商环境6.0版方案》，将加强普惠金融服务支持作为核心内容），而这将进一步缓解金融抑制，提高企业对流动资本获取，增加对劳动力的需求或工资支付能力，进而提高劳动收入份额（刘长庚等，2022）。其次，新型政商关系下，政企之间的信息沟通更顺畅，政府会更加公平的将政府补贴、税收减免等惠企政策配置给优秀的企业（管考磊，2019）；公共资源的配置还会产生信号传递作用，赋予企业政治合法性，可以有效降低企业与外部投资者之间的信息不对称，以及企业的融资成本（江炎骏，2021）。最后，在新型政商关系下，政府会积极履行"放管服"政策，更少对企业进行过度干预，提高行政透明化、便利化以及标准化水平，大大节约企业的制度性交易成本和降低寻租动机。比如，杭州市 2020 年搭建了"亲清在线"数字平台，以服务"始终在线"的方式，通过"诉求在线直达""政策在线兑付""服务在线落地""许可最多跑一次""服务绩效在线评价"等功能，使政府服务常态化直达所有企业和员工成为可能。行政透明度和便利化水平的提高不仅减少了企业的制度性交易成本，也能够有效监督和约束政府的权力，弱化企业的寻租动机。综合以上几点，新型政商关系通过降低企业债务融资成本，获取政府补贴、税收优惠以及企业寻租费用减少等方式缓解企业融资约束。而融资约束的缓解一方面能够降低企业的利润留存比例、减少融资约束造成的"利润侵蚀工资"现象，进而通过提高员工工资支付能力，促进劳动收入份额提升（刘长庚等，2022）；另一方面，在外部融资补充企业营运资本能力增强的情况下，企业也会提高企业劳动要素投入并优化企业要素配置，降低融资约束诱发的固定资产投资偏好，进而提升企业劳动收入份额（熊家财等，2022）。

4.1.2 新型政商关系、劳动力结构升级与企业劳动收入份额

融资约束是阻碍技术升级的重要因素（Midrigan 和 Xu，2014），融资约束的缓解可能促使企业在技术升级过程中，通过改变劳动力需求结构，影响收入分配结构。企业技术升级往往通过自主研发，引进高技术含量的生产设备、操作管理系统及办公软件等实现。自主研发活动通常依靠新的技术和方法来创造知识型资产（Moshirian 等，2021）。但这些关键的新技术、方法往往蕴含在拥有高技术能力的人力资本之中。此外，企业引进的先进机器设备，不仅需要拥有高技能工程师安装测试，在完成技术升级后，更需要拥有这些硬件和软件知识的使用者进行操做和维护。因此，技术升级的过程会增加非常规高技能劳动力的需求，减少常规低技能劳动力的需求（Goldin 和 Katz，1998）。然而，议价能力假说认为，高技能劳动力在市场中往往拥有较高的价格谈判能力，这将促进劳动收入份额的提升。而对企业来说，只有支付更高的工资才能吸引和留住高技能人才（王雄元和黄玉菁，2017）。该影响符合劳动经济学理论"资本—技能互补"效应。然而，技术升级会对常规的、机械重复性高的工作产生替代性。例如，工业机器人的使用会替代生产一线的工人；自动化办公软件的使用会替代部分行政性日常工作，即"资本—技能替代"效应。但是，由于高技能劳动者具有工资溢价，生产技术进步引致的人力资本结构升级，最终会促使企业劳动收入份额增加（肖土盛等，2022）。这一推论已在诸多研究中得到证实。例如，偏向性技术进步在"挤出"部分低技能劳动力的同时，也会形成对高技术劳动力的依赖，这将带动高技能劳动力的相

对薪酬、就业规模及劳动收入的提高，最终促进劳动收入份额上升（丁建勋等，2022）；企业数字化转型对低技能劳动的挤出将提升高技能劳动力的相对地位，进一步增强高技能劳动力的议价能力和工资水平（陈梦根和周元任，2021）。方明月等（2022）发现，企业的数字化转型不仅能够提高总营业收入，而且有助于增加劳动收入份额和降低高管薪酬差距。汪冲和宋尚彬（2022）则从研发费用加计扣除政策的视角，研究发现，加计扣除政策产生的人才集聚效应和普通员工的数量扩张效应，促使劳动要素收入占企业增加值的份额提高0.9个百分点，增长约2.15%。此外，新型政商关系下，政府服务企业的水平越高，则金融服务、市场中介等要素市场发育程度也越高。要素市场发育水平的提高也会通过高技能人才的抢夺产生"工资竞争效应"，这在我国市场整体面临高技能劳动者短缺的结构性矛盾下尤为突出。同地区企业为应对人才竞争，也会通过提高员工工资、改善福利待遇等吸引或激励人才，推动当地人力资本的价格，促进劳动收入份额上升。

4.1.3 新型政商关系、降低市场垄断与企业劳动收入份额

新型政商关系也可能通过降低市场垄断、强化市场竞争来提高劳动收入份额。依据新古典经济经学理论，如果市场是完全竞争的且不存在外部性，那么劳动和资本的报酬等于其边际产出。即完善的市场机制能够促使劳动和资本以不变的速率增长，而劳动报酬的增长率等于技术进步率或人均产出增长率（Romer，2001）。在不完全竞争的市场下，各要素的报酬则会依据其自身的市场支配力进行谈判确定。以政治关联为基本特征的政商关系容易通过行政垄断

获得超额利润，其在市场上具有较强的支配力和成本加成导致劳动报酬增长低于劳动生产率增长（张慧勋，2020）。而新型政商关系的构建，将通过增强资本和劳动力要素的市场化程度，缓解劳动力市场上的买方垄断问题（Elgin 和 Kuzubas，2013），提升劳动报酬增长与劳动生产率增长的同步性（韩雷等，2023）以及初次收入分配中劳动生产率决定劳动报酬的程度（宁光杰，2007）。肖土盛等（2023）将《反垄断法》的实施作为观察点，发现《反垄断法》主要通过要素市场上的要素组成效应与产品市场上的成本加成效应影响企业收入分配，从而揭示了宏观层面竞争政策顶层设计的制度安排，有利于推动"有为政府"与"有效市场"的结合，并对企业初次收入分配产生重要影响。而构建新型政商关系则同样通过降低市场垄断产生的要素市场竞争和产品的成本加成效应影响企业收入分配。

4.1.4 新型政商关系、劳动者权益保障与企业劳动收入份额

新型政商关系下，为了构建和谐的劳资关系，政府还可以通过推行最低工资标准、加强劳动保障法律法规宣传以及建设劳动人事争议调解的组织等保障劳动者权益的方式来提高劳动收入份额。一方面，区域最低工资标准的提升将显著影响企业劳动收入份额（魏章进和陈树德，2021）。比如，为了优化营商环境，促进劳资关系和谐，山东省于 2021 年分别调整了全省月最低工资标准和小时工资标准。对企业而言，提升区域最低工资标准最终会提高企业的劳动力成本。劳动力成本的上升，既可能倒逼企业对员工再培训（Cubitt 和 Heap，1999），还可能迫使企业加大创新投入，间接提

高对高技能劳动者的需求（Acemoglu 和 Pischke，2003；Clemens 等，2021）。对劳动者而言，提高最低工资标准则通过壮大低收入劳动者的工作搜寻队伍提高劳动力资源配置效率（Burdett 和 Mortensen，1998；罗小兰，2007），同时更好地激励低技能劳动者努力工作，最终通过提高劳动生产率促进劳动收入份额提升。因此，提高最低工资标准最终会直接或间接地通过促进劳动生产率提高和高技能劳动力的需求，相对提高劳动者的议价能力，削弱劳动力市场的买方垄断水平，提高劳动生产率与劳动报酬的同步增长程度（孙中伟和舒玢玢，2011）。另一方面，加强劳动保障法律法规的宣传以及建设劳动人事争议调解的组织为保障最低工资落实提供了保障。劳动保障法律法规的宣传可以增强劳动者维权意识，而劳动人事争议调解服务可以切实保障劳动者权益的落实。比如，淄博市建立"互联网+调解"平台，不仅大力传宣劳动保障法律法规，而且高效化解各类劳动争议，既助力企业稳定用工关系，又缩短了案件处理时间，减少了当事人维权成本。

综上所述，我们提出以下研究假设：

H3：新型政商关系能够提高劳动收入份额。

H3a：新型政商关系能够通过缓解融资约束来提高劳动收入份额。

H3b：新型政商关系能够通过劳动力结构升级来提高劳动收入份额。

H3c：新型政商关系能够通过降低市场垄断来提高劳动收入份额。

H3d：新型政商关系能够通过保障劳动者权益来提高劳动收入份额。

4.2 研究设计

4.2.1 样本选择与数据来源

由于新型政商关系指数数据具有可得性，本章选取2017—2020年沪深两市的A股民营上市公司作为研究样本，并对该样本进行了以下筛选：①剔除金融保险类公司；②剔除公司上市时间低于两年的公司；③剔除被特殊处理的公司；④剔除相关数据缺失的公司。经过以上筛选，最终得到3426个公司—年度观测值。涉及的主要变量数据均来自CSMAR数据库以及"中国城市政商关系排行榜"（2017—2020年）。其中，涉及的市级月最低工资通过各地方统计局公布的最低工资标准经手工整理获得。为避免极端值对研究结果造成有偏的影响，对涉及的所有连续变量都进行了上下1%的缩尾处理。

4.2.2 模型设定与变量选择

借鉴Manso（2011）、黎文靖和郑曼妮（2016）的研究，构建模型（4-1）来研究新型政商关系对劳动收入份额的影响。

$$LS_{i,t} = \alpha_0 + \alpha_1 Gbr_{j,t} + \sum_k \gamma_k Control + \sum Year + \sum Industry + \varepsilon_{i,j,t}$$

$$(4-1)$$

其中，i表示各企业；j是上市公司对应的城市，t对应各年份。

(1) 被解释变量

职工薪酬为劳动收入份额的微观衡量方式。目前对劳动收入额的衡量采用以下两种方法：

第一种是要素增加值法，其核心思想是采用企业劳动者报酬占企业增加值的比重，通常被形象地称为企业创造的大"蛋糕"中劳动者分得的部分（苏梽芳等，2021）。具体为：

$$劳动收入份额 = \frac{支付给职工的工资以及为职工支付的现金}{营业收入 - 营业成本 + 固定资产折旧 + 支付给职工以及为职工支付的现金}$$

第二种采用营业收入法计算劳动收入份额（王雄元和黄玉菁，2017；施新政等，2019）。具体为：

$$劳动收入份额 = \frac{支付给职工以及为职工支付的现金}{营业收入}$$

本章在基准回归部分采用要素增加值法，稳健性检验部分采用营业收入法。

(2) 解释变量

利用聂辉华（2017—2020）等构建的涵盖中国285个城市的2017—2020年的城市新型政商关系指数。其中，政商关系总指数（Gbr）由亲近指数（Close）和清白指数（Clear）组成。总指数用来衡量城市新型政商关系总体程度。亲近指数由政府关心、政府服务、企业税费负担组成；清白指数由政府廉洁度和透明度组成。该指数对所有指标进行了正向化、标准化和正常化处理，指标的分值均位于0—100分。为了更好地展示实证结果，在回归中除以100，并不影响显著性。

(3) 控制变量

本章控制了影响企业职工薪酬的微观因素和劳动收入份额的宏

观因素。具体包括：①公司特征：包括企业规模（Size）、上市年限（Listage）、股权制衡度（Balance）、董事会规模（Board）、独董比例（Indep）、两职合一（Dual）、管理层持股（Mshare）；②财务特征：包括资产收益率（Roa）、资产负债率（Lev）；③行业特征：赫芬达尔指数（HHI）；④地区经济发展水平变量：地区人均GDP 的增长率（DPergdp）。控制变量定义具体见表 4 - 1。

表 4 - 1　　　　　　　　　　变量定义

类别	名称	符号	定义
被解释变量	劳动收入份额	LS	劳动收入份额
解释变量	新型政商关系	Gbr	政商关系健康指数
		Close	政商关系亲近指数
		Clear	政商关系清白指数
控制变量	企业规模	Size	公司总资产的自然对数
	资产负债率	Lev	期末负债总额/（期初总资产 + 期末总资产）/2
	资产收益率	Roa	净利润/（期初总资产 + 期末总资产）/2
	董事会规模	Board	董事会人数
	独董比例	Indep	独立董事人数/董事会人数
	两职合一	Dual	总经理和董事长两职合一时取 1；否则取 0
	股权制衡度	Balance	第一大股东持股比例/第二到第五大股东持股比例之和
	管理层持股	Mshare	管理层持股数量/总流通股数
	上市年限	Listage	ln（当年年份 - 上市年份 + 1）
	区域经济发展	Pergdp	人均 GDP 的自然对数
	行业	Industry	行业虚拟变量
	年度	Year	年度虚拟变量

4.3 实证结果分析

4.3.1 描述性统计分析

由表4-2主要变量的描述性统计结果可以看出,劳动收入份额(LS)的均值为0.154,标准差为0.100,既说明样本间的劳动收入份额差异较大,同时也表明我国民营上市公司的劳动收入份额较低,这和部分研究的统计结果接近(肖士盛等,2022)。同样,政商关系总指数、亲近指数以及清白指数的均值分别为0.600、0.506、0.709,标准差分别为0.225、0.242、0.166,说明不同区域的新型政商关系程度差异较大,这有助于我们的进一步研究。其他控制变量的描述性统计结果也较为合理,与近年来相关文献较为接近,这进一步说明了数据的可靠性。

表4-2　　　　　　　　描述性统计结果

变量	样本量	均值	标准差	最小值	中位数	最大值
LS	3426	0.154	0.100	0.013	0.133	0.551
Gbr	3426	0.600	0.225	0	0.580	1
Close	3426	0.506	0.242	0	0.472	1
Clear	3426	0.709	0.166	0.040	0.747	1
Size	3426	22.18	1.128	20.00	22.06	26.41
Lev	3426	0.395	0.180	0.066	0.391	0.894

续表

变量	样本量	均值	标准差	最小值	中位数	最大值
Roa	3426	0.035	0.083	-0.302	0.041	0.211
Board	3426	2.082	0.193	1.609	2.197	2.708
Indep	3426	0.379	0.053	0.333	0.364	0.571
Dual	3426	0.367	0.482	0	0	1
Balance	3426	0.904	0.655	0.012	0.729	4
Mshare	3426	0.185	0.196	0	0.115	0.658
Listage	3426	2.182	0.671	0.693	2.197	3.332
Lnpergdp	3426	11.39	0.366	10.50	11.43	12.01

4.3.2 基准回归检验

为考察新型政商关系对企业劳动收入份额的影响，将反映企业劳动收入份额变量——LS 作为被解释变量对新型政商关系（Gbr）进行回归，结果如表 4-3 列（1）所示。新型政商关系与企业劳动收入份额的回归系数 Gbr 为 0.031，显著为正，检验结果在 1% 的水平上显著。这表明新型政商关系的构建能够促进民营企业劳动收入份额提升。本章进一步将亲近指数（Close）和清白指数（Clear）代入模型（4-1），回归结果见表 4-3 列（2）、列（3）。从中可以看出，新型政商关系（Gbr）对被解释变量（LS）的估计系数为 0.031，检验结果在 1% 的水平上显著。这说明政商关系总指数每提高一个标准差，劳动收入份额提高 0.031 个单位；亲近指数、清白指数的回归系数同样显著为正，这表明新型政商关系均能提高企业提高劳动收入份额，基本假设成立。

表4-3 新型政商关系影响企业劳动收入份额的基准回归分析①

变量	(1)	(2)	(3)
		LS	
Gbr	0.031***		
	(4.21)		
Close		0.028***	
		(4.05)	
Clear			0.021**
			(2.39)
Size	-0.014***	-0.014***	-0.014***
	(-8.31)	(-8.30)	(-8.28)
Lev	-0.080***	-0.081***	-0.079***
	(-7.69)	(-7.72)	(-7.56)
Roa	-0.154***	-0.155***	-0.155***
	(-6.04)	(-6.07)	(-6.07)
Indep	0.162***	0.160***	0.170***
	(4.42)	(4.36)	(4.67)
Balance	0.004*	0.004*	0.004*
	(1.68)	(1.65)	(1.66)
Board	0.043***	0.043***	0.043***
	(4.13)	(4.13)	(4.12)
Dual	0.006**	0.006**	0.007**
	(1.99)	(1.96)	(2.20)
Mshare	-0.000	-0.000	0.001
	(-0.05)	(-0.04)	(0.15)
Listage	-0.000	-0.000	-0.000
	(-0.11)	(-0.11)	(-0.18)

① 为了更好地展示实证结果,将核心自变量政商关系总指数(Gbr)、亲近指数(Close)及清白指数(Clear)除以100,并不影响研究的显著性。

续表

变量	(1)	(2)	(3)
	LS		
Lnpergdp	0.006	0.007	0.011**
	(1.21)	(1.45)	(2.42)
Constant	0.239***	0.234***	0.179***
	(3.47)	(3.41)	(2.72)
Industry & Year	控制	控制	控制
N	3426	3426	3426
Adj_R^2	0.342	0.342	0.340

注：*、**、***分别表示在10％、5％、1％水平上显著；采用公司层面的聚类稳健标准误进行调整。

控制变量的检验结果显示，企业规模与劳动收入份额呈负相关关系，这源于企业规模（Size）的扩大会提升企业的成本加成率，降低其劳动收入份额；资产负债率（Lev）与劳动收入份额呈负相关关系，这与邵敏等（2013）的研究发现一致，信贷融资约束会降低企业劳动生产率，而劳动生产率与劳动报酬呈正相关关系（Iheanacho，2017）；独董比例（Indep）与劳动收入份额呈正相关关系，这说明董事会治理水平的提高能够有效监督员工权益的实现；两职合一（Dual）与劳动收入份额呈正相关关系，这意味着管理层能够通过其权力极化影响高管薪酬，进而提升劳动收入份额。

4.3.3 内生性与稳健性检验

为了进一步验证基准检验部分研究结论的可靠性，本章从控制行业——时间交互固定效应、剔除纳入"沪深港通"的样本、替换因变量以及两阶段最小二乘法(2SLS)等多个维度进行内生性与稳健性检验。

第一,控制行业—时间交互效应。尽管在基准回归中对行业固定效应、年度固定效应分别进行了控制,但仍然无法排除由行业周期性波动引起的行业收入结构变化。为排除上述因素对结果造成有偏的影响,本章进一步在基准回归模型中加入行业—时间的交互项。检验结果见表4-4 Panel A的列(1)至列(3),从中可以发现,在进一步控制了行业—时间的交互项后,回归结果与基准检验一致。

第二,剔除纳入"沪深港通"的样本。我国分别于2014年、2016年开通"沪港通""深港通",资本市场开放带来了大量的境外资金流入。研究发现,资本市场开放显著提升了企业劳动收入份额(江轩宇和朱冰,2022)。为了提高结论的可靠性,将剔除样本期间纳入"沪深港通"的样本。结果见表4-4 Panel A的列(4)至列(6),结果支持基本假设。

第三,替换因变量。采用企业当期为职工支付的现金除以营业收入来衡量。其中,当期为职工支付的现金=全年支付的员工工资、奖金等+全年为员工缴纳的社会保险费用。该指标的值越大,代表劳动收入份额越大。由表4-4 Panel B的列(1)至列(3)回归结果可以看出,研究结论是可靠的。

第四,两阶段最小二乘法。为了缓解可能存在的内生性,我们选取各地区"市场分配资源比重"以及"法治建设成熟度"为外部工具变量,采用两阶段最小二乘法(2SLS)进行回归。两个指标分别采用樊钢市场化指数中的"要素市场发育状况""中介组织发育和法律得分"来衡量。很显然,一个地区市场分配资源比重越高、政府廉洁度越高,政府的服务功能就越强,企业谋求政治庇护动机就越弱。本章在政商关系健康指数的检验中将以上两个指标同时作为工具变量;分项检验中,"要素市场发育状况"和"中介组织发育和法律得分"分别为亲近指数和清白指数的工具变量。结果见表4-4 Panel B 的列(4)至列(6),工具变量与企业劳动收入份额的回归系数均在1%的水平上显著正相关。Hausman 检验通过了工具变量是否外生的检验;且 F 值的结果拒绝了弱工具变量假设。

表4-4　　　　　　　　稳健性与内生性检验

变量	(1)	(2)	(3)	(4)	(5)	(6)
	Panel A					
	排除行业周期性			剔除"沪深港通"样本		
Gbr	0.030***			0.028***		
	(4.11)			(3.74)		
Close		0.027***			0.026***	
		(3.92)			(3.65)	
Clear			0.021**			0.017*
			(2.39)			(1.89)
Controls	控制	控制	控制	控制	控制	控制
Industry & Year	控制	控制	控制	控制	控制	控制
N	3422	3422	3422	3285	3285	3285
Adj_R^2	0.345	0.345	0.343	0.348	0.348	0.346
变量	Panel B					
	替换因变量			两阶段最小二乘法(2SLS)		
Gbr/Gbr_IV	0.028***			0.109***		
	(3.52)			(5.77)		
Close/Close_IV		0.027***			0.154***	
		(3.57)			(6.03)	

续表

变量	(1)	(2)	(3)	(4)	(5)	(6)
	\multicolumn{6}{c}{Panel B}					
	替换因变量			两阶段最小二乘法（2SLS）		
Clear/Clear_IV			0.014			0.114***
			(1.49)			(3.71)
Controls	控制	控制	控制	控制	控制	控制
Industry & Year	控制	控制	控制	控制	控制	控制
Hausman				P=0.004***	P=0.004***	P=0.045**
F_Test				F=618.93	F=480.86	F=321.07
N	3285	3285	3285	3285	3285	3285
Adj_R²	0.296	0.296	0.294	0.115	0.197	0.143

注：*、**、*** 分别表示在10%、5%、1%水平上显著；采用公司层面的聚类稳健标准误进行调整。

4.4 影响机制检验

理论分析部分阐述了新型政商关系可能通过缓解融资约束、促进劳动力结构升级、降低市场垄断以及提高劳动者权益保护水平等路径提升劳动收入份额，机制分析如图4-1所示。然而，这几种机制是否真实存在尚不得而知。基于此，本章对以上机制逐步进行验证。

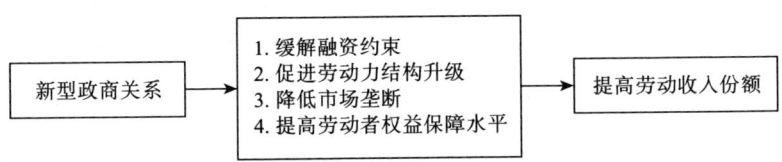

图4-1 新型政商关系促进民营企业劳动收入份额提升的路径

4.4.1 新型政商关系、融资约束缓解与企业劳动收入份额

首先，本章对融资缓解效应进行考察。如果新型政商关系的构建主要通过信贷融资成本、政府补贴、税费负担及寻租费用等途径缓解企业融资约束，那么新型政商关系将会降低企业信贷融资成本、提高政府补贴、减轻企业税费负担及降低企业寻租费用。信贷融资成本（COD）采用财务费用占长短期债务的比重来衡量；政府补助（Subsidy）采用政府补助加1后的自然对数来衡量；企业税费负担采用企业享受的税收优惠（TPre）来衡量；税收优惠＝收到的各种税费返还/（收到的各种税费返还＋支付的各项税费）。寻租的度量采用超额管理费用（Eae）来衡量，具体计算方法借鉴杜兴强等（2010）的研究，使用实际管理费用和预期管理费用的差额来度量。

$$AE_{it} = \beta_0 + \beta_1 Sale_{it} + \beta_2 Lev_{it} + \beta_3 Growth_{it} + \beta_4 Board_{it} + \beta_5 Staff_{it} + \beta_6 Big4_{it} + \beta_7 Listage_{it} + \beta_8 Magin_{it} + \beta_9 Plever_{it} + \beta_{10} HHI\_5_{it} + \beta_{11} CI_{it} + \sum Industry + \sum Year + \varepsilon_{it} \quad (4-2)$$

模型（4-2）中，AE 为管理费用与营业收入的比值；Sale 为企业营业收入的自然对数；Lev 为财务杠杆，Lev＝期末负债总额/（年初资产总额＋年末资产总额）；Growth 为营业收入的年增长率，Growth＝当年营业收入/（当年营业收入－上年营业收入）；Borad 为公司董事会人数；Staff 为公司员工总数；Big4 为是否为国际"四大"事务所，Listage 为公司上市年限；Magin 为企业毛利率；Plever 为物价指数，以在职员工的平均工资水平（万元）衡量；HHI_5 为公司前五大股东的赫芬达尔指数，衡量股权集中度；CI

代表资本密集度，等于固定资产除以总资产。为避免极端值对研究结果造成有偏的影响，对涉及的所有连续变量都进行了上下1%的缩尾处理。对模型（4-2）进行回归后得到的残差为超额管理费用（Eae），即寻租的代理变量。

检验结果如表4-5所示，可以看出，债务融资成本、寻租费用、政府补贴、税收优惠在新型政商关系影响企业劳动收入份额的过程中发挥了部分中介效应。

表4-5　新型政商关系、融资约束缓解与企业劳动收入份额

变量	(1) COD	(2) LS	(3) Subsidy	(4) LS	(5) TPre	(6) LS	(7) EAE	(8) LS
Gbr	-0.005**	0.030***	0.427*	0.033***	0.039***	0.039***	-0.006*	0.040***
	(-2.38)	(3.93)	(1.78)	(4.47)	(2.97)	(4.91)	(-1.87)	(6.67)
COD		-0.153**						
		(-2.24)						
Subsidy				0.003***				
				(4.70)				
TPre						0.034***		
						(5.29)		
EAE								0.575***
								(12.40)
Controls	控制	控制	控制	控制	控制	控制	控制	控制
Industry & Year	控制	控制	控制	控制	控制	控制	控制	控制
N	3285	3285	3284	3284	3426	3426	3301	3301
Adj_R²	0.290	0.349	0.223	0.353	0.151	0.342	0.097	0.376

注：*、**、***分别表示在10%、5%、1%水平上显著；采用公司层面的聚类稳健标准误进行调整。为节省篇幅，省略亲近指数和清白指数的检验分析，下表同。

4.4.2 新型政商关系、劳动力结构升级与企业劳动收入份额

如前文所述,新型政商关系可能通过扩大高技能劳动需求并挤出低技能劳动力,促进劳动收入份额提升。本部分将从新型政商关系影响不同层次的劳动力需求变化来分析劳动力结构升级的渠道作用。具体地,劳动技能水平分别从受教育程度和职业类型两个维度来刻画:按照受教育程度,将硕士及以上学历划分为高技能员工(HEdu),其他为低技能员工(LEdu),并用硕士及以上学历员工的占比来衡量民营企业人力资本教育结构的优化程度。按照职业类型,将生产工人、行政辅助性职员及其他人员划分为常规的低技能员工(LSkill);由于企业技术升级主要激发对研发和技术人才的需求,因此,将研发人员视为非常规的高技能员工(HSkill),并用技术研发人员的占比来衡量人力资本技能结构的优化。具体检验结果如表 4-6 所示,劳动力结构升级在新型政商关系影响劳动收入份额中发挥中介作用。该研究说明,新型政商关系能够促进企业技术创新、增加对高技能劳动力的需求,并挤出低技能劳动力,通过劳动力结构升级,促进劳动收入份额提升。

表 4-6　新型政商关系、劳动力结构升级与企业劳动收入份额

变量	(1) HEdu	(2) LS	(3) LEdu	(4) LS	(5) HSkill	(6) LS	(7) LSkill	(8) LS
Gbr	2.951***	0.016*	-14.737***	0.034***	6.899***	0.027***	-14.733***	0.034***
	(5.92)	(1.89)	(-8.83)	(4.91)	(7.05)	(3.61)	(-8.77)	(4.92)
HEdu		0.003***						
		(6.15)						

续表

变量	(1) HEdu	(2) LS	(3) LEdu	(4) LS	(5) HSkill	(6) LS	(7) LSkill	(8) LS
LEdu				-0.000***				
				(-3.78)				
HSkill						0.001***		
						(3.87)		
LSkill								-0.000***
								(-3.78)
Controls	控制	控制	控制	控制	控制	控制	控制	控制
Industry & Year	控制	控制	控制	控制	控制	控制	控制	控制
N	2655	2655	3070	3070	3408	3408	3070	3070
Adj_R²	0.157	0.367	0.261	0.318	0.406	0.348	0.264	0.318

注：*、**、*** 分别表示在10%、5%、1%水平上显著；采用公司层面的聚类稳健标准误进行调整。

4.4.3 新型政商关系、降低市场垄断与企业劳动收入份额

如前文所述，新型政商关系可能通过降低市场垄断来提升劳动收入份额。由于市场垄断可通过减少政府干预、强化竞争关系来实现，因此，本章分别采用樊钢市场化指数（Index）和赫芬达尔指数（HHI）来度量产品和要素市场的竞争关系。其中，赫芬达尔指数采用各市场竞争主体的营业总收入占行业总收入的百分比的平方和来衡量。HHI越大，表示市场集中度越高，垄断程度越高，市场化程度越弱。检验结果见表4-7，新型政商关系提高了区域市场化程度，同时降低了该区域的市场垄断，发挥了部分中介作用。

表4-7　新型政商关系、降低市场垄断与企业劳动收入份额

变量	(1) Index	(2) LS	(2) HHI	(4) LS
Gbr	0.486**	0.030***	-0.020***	0.043***
	(2.11)	(3.02)	(-3.22)	(4.03)
Index		0.002**		
		(2.20)		
HHI				0.225***
				(7.75)
Controls	控制	控制	控制	控制
Industry & Year	控制	控制	控制	控制
N	3426	3426	3412	3427
Adj_R^2	0.594	0.344	0.641	0.212

注：*、**、***分别表示在10%、5%、1%水平上显著；采用公司层面的聚类稳健标准误进行调整。

4.4.4　新型政商关系、劳动者权益保护与企业劳动收入份额

政府通过提高地区最低工资等手段保障劳动者权益也是提高劳动收入份额的路径之一。劳动者权益保障最终通过提高劳动者平均工资和社会保障等途径来实现。因此，本章进一步检验新型政商关系对区域最低工资标准、人均薪酬和员工社会保障的影响。其中，最低工资标准是以市为单位收集的最低月工资（MMWage）；人均薪酬（PPay）为人均薪酬取自然对数，薪酬为职工工资、奖金以及为职工缴纳的社会保险费之和；社会保障取员工社会保障基金缴付比例（FRatio）。如表4-8所示，在新型政商关系的构建过程中，政府不仅提高了区域最低工资标准，而且促使企业提高了人均

薪酬和社会保障基金缴付比例。这意味着政府通过劳动者权益保护促进企业劳动收入份额的路径存在。

表4-8　新型政商关系、劳动者权益保护与企业劳动收入份额

变量	(1) MMWage	(2) LS	(3) PPay	(4) LS	(5) FRatio	(6) LS
Gbr	0.235***	0.033***	0.027***	0.043***	0.015*	0.038***
	(23.23)	(4.04)	(3.51)	(4.03)	(1.73)	(5.21)
MMWage		0.026*				
		(1.76)				
PPay				0.028***		
				(6.08)		
FRatio						-0.048***
						(-3.66)
Controls	控制	控制	控制	控制	控制	控制
Industry & Year	控制	控制	控制	控制	控制	控制
N	3432	3426	3432	3427	3432	3432
Adj_R^2	0.413	0.303	0.353	0.212	0.035	0.345

注：*、**、***分别表示在10%、5%、1%水平上显著；采用公司层面的聚类稳健标准误进行调整。

4.4.5　排除竞争性假说

上文验证了新型政商关系影响企业劳动收入份额的几条路径，但均是分配端的结果，并不能排除"工资侵蚀利润"的可能性，也就是说劳动收入份额提高可能是"工资侵蚀利润"的结果。因此，相对于劳动薪酬的代理变量（LS），本章进一步将人均净利润（PProfit）、人均营业利润（PIProfit）（万元）和净资产收益率

（Roe）作为企业资本报酬的代理变量，分析新型政商关系对资本报酬的影响。如果新型政商关系导致劳动收入份额上升，而资本报酬下降，则表明新型政商关系只是改变了分配结构，并未促进企业产生增量收益，劳动收入份额上升是侵蚀利润的结果；相反，如果新型政商关系同时提升了劳动报酬和资本报酬，则表明新型政商关系既能促进劳动生产率提高，也能提升劳动报酬。由表4-9列（1）至列（3）可以看出，新型政商关系对资本报酬也具有正向影响，企业的分配并未出现"工资侵蚀利润"的情况，劳动收入份额提升更多地表现为新型政商关系对增量收益部分分配的影响，能够促进企业实现效率与公平统一的发展目标。

此外，劳动收入份额的提升也可能是"劳动挤出资本"的结果，即可能存在企业降低了资本投资，导致劳动收入规模不变，甚至下降的情况下，劳动收入份额依然呈现上升态势。为此，本章以资本支出占总资产的比重（Inv_TA）、资本支出的自然对数（lnInv）以及资本支出占营业收入的比重（Inv_SA）来衡量资本支出强度。其中，采用购买固定资产、无形资产以及其他长期资产支付的现金作为资本支出金额。从表4-9列（4）至列（6）可以看出，新型政商关系并未对资本支出强度产生显著影响，研究结论并非由资本要素所获报酬水平下降所致。

表4-9　　　　　　　　排除竞争性假说

变量	(1) PProfit	(2) PIProfit	(3) Roe	(4) Inv_SA	(5) lnInV	(6) Inv_SA
Gbr	5.10**	5.04**	0.695*	-0.003	0.050	-0.161
	(2.45)	(2.25)	(1.87)	(-0.78)	(0.46)	(-1.39)
Controls	控制	控制	控制	控制	控制	控制

续表

变量	(1) PProfit	(2) PlProfit	(3) Roe	(4) Inv_SA	(5) InInV	(6) Inv_SA
Industry & Year	控制	控制	控制	控制	控制	控制
N	3426	3426	3424	3424	3424	3424
Adj_R²	0.513	0.520	0.787	0.169	0.666	0.077

注：*、**、*** 分别表示在 10%、5%、1% 水平上显著；采用公司层面的聚类稳健标准误进行调整。

4.5 异质性分析

整体而言，构建新型的政商关系会对企业劳动收入份额产生正面影响，但因企业所处的环境、个体特征差异而影响不同。本章从环境不确定性、政治关联两个方面进行分析。

4.5.1 环境不确定性

从环境不确定性的视角看，环境不确定性是影响企业行为的重要因素（Shin 和 Park，1999）。环境不确定性加剧了公司治理信息波动程度、不对称性和未来的"不可预期性"（Carson 等，2006），导致企业发展以及劳动者等利益相关者的价值诉求和行业环境处于动态变化中。在动态的环境中，企业会通过寻求战略变革和强化动态能力以实现与环境的适应性。在新型政商关系下，政府也会快速捕捉企业发展痛点，合法地为企业扩宽外部融资渠道，或有针对性地制定符合劳资双方利益的公共政策。因此，更高的环境不确定性能够增进政府和企业的基于劳动者等利益相关者利益保护目标的合作意愿,促进劳资关系和谐,提升劳动收入份额。这在新兴经济体政府通过经济政策改革及经济结构不断试错导致的经济政策不确定性上升环境中更为突出。借鉴申慧慧等(2012)的研究,按照外部环境不确定性最终影响企业核心业务活动波动的逻辑,选取企业过去5年经行业调整后销售收入的标准差来衡量环境不确定性,并以行业—年度中位数进行分组。检验结果见表4-10列(1)、列(2),由此可知,外部环境不确定性程度较高时,新型政商关系对企业劳动收入份额的影响更大。

表4-10　新型政商关系影响企业劳动收入份额的异质性分析

变量	(1)	(2)	(3)	(4)
	环境不确定性		政治关联	
	环境不确定性高	环境不确定性低	政治关联	非政治关联
Gbr	0.052 ***	0.021 *	0.006	0.052 ***
	(4.13)	(1.65)	(0.46)	(4.98)
Controls	控制	控制	控制	控制
Industry & Year	控制	控制	控制	控制
Prob > chi2	0.0652 *		0.0049 ***	
N	693	716	620	1310
Adj_R^2	0.375	0.366	0.441	0.357

注:*、**、*** 分别表示在10%、5%、1%水平上显著;采用公司层面的聚类稳健标准误进行调整。

4.5.2　政治关联

从政治关联的视角来看,政治关联是正式制度缺乏的环境中,企业为获得各种"优惠"和"特权",与政府部门或拥有政治权力的个人之间形成的非正式关系。新型政商关系的基本内涵是构建能够满足公共价值创造需求和公共利益的市场化、法治化基础上平等、合作的有益政商关系(王帅,2019)。这种建立在市场化、法治化基础上的具有普惠性质的政商关系在破除企业通过政治关联获取非法"特权"和资源的同时,更有利于促进非政治关联企业的健康发展。具体地,政商之间的"清"使得由"资本绑架权力"式的政治关联带来的资源获取优势丧失;政商之间的"亲"更有利于政府站在公共利益的角度公平、平等地服务民营企业,这对非政治关联企业的影响更大。本章基于企业总经理或董事长存在的政治关联赋值虚拟变量,考察政治关联异质性下新型政商关系对企业劳动收入份额的影响。结果如表 4-10 列(3)、列(4)所示,新型政商关系对非政治关联企业的劳动收入份额的影响更大。该结论印证了我们的推断。

4.6 本章小结

构建"亲而有度、清而有为"的新型政商关系对于促进社会公平、实现共同富裕至关重要。提高劳动要素报酬在初次收入分配中的比重关系着共同富裕目标的实现,以及"以国内大循环为主体"新发展格局的顺利形成。既有的建立在官商个人利益基础上的、畸形的政商关系加剧了收入分配的不公平,不利于我国现阶段"不平衡、不充分"主要矛盾的解决。建立在制度化、法治化基础上的平等、合作和互补的政商关系有助于提升企业劳动收入份额,该结论在排除其他可能性解释、变量度量误差以及反向因果关系等一系列稳健性与内生性检验后依然成立。新型政商关系通过缓解企业债务融资约束、促进劳动力结构升级、降低市场垄断以及保障劳动者权益等路径提升企业劳动收入份额。异质性分析表明，新型政商关系对民营企业劳动收入份额的正面影响主要发生在外部环境不确定性程度高时及非政治关联的民营企业。在新型政商关系对资本报酬和资本支出的影响分析中，分别排除了"工资侵蚀利润"和"劳动挤出资本"的替代性解释。新型政商关系能够同时促进民营企业经营效率提高和利益共享，实现效率与公平的统一。

本章从厘清政府与企业的边界，划清权力与资本界限，构建"亲""清"新型政商关系的视角为促进民营企业实现经营效率与分配公平的统一，在高质量发展中实现共同富裕提供了经验证据和现实路径。研究具有以下几点启示：

第一，构建"亲而有度、清而有为"的政商关系有助于缓解资本与权力的冲突，推动民营企业平衡社会利益和经济利益，实现员工利益分享与企业发展相协调的目标。因此，在我国出口受阻、投资拉动经济乏力、力求通过消费拉动内需的宏观背景下，应进一步推动新型政商关系的构建，纠正扭曲的政商关系，发挥新型政商关系对分配公平的治理作用。

第二，新型政商关系的构建对劳动力市场可能造成结构性影响。对这一问题的认识有助于我们理解和解决我国面临人口红利消失、劳动力市场结构转型下劳动力市场结构的改变。在新型政商关系促进劳动力结构转型的过程中，应慎重考虑其对低劳动技能者造成的负面冲击。而政府应针对预期的劳动力市场结构改变，制定灵活就业市场相关政策以应对短期出现的就业替代风险，推动人才红利可持续化和企业高质量发展。

第三,新型政商关系的构建在企业面临不确定性环境时更有利于促进劳动收入份额提升,这对我国通过优化营商环境应对复杂多变的外部环境提供了现实路径。新型政商关系更有益于非政治关联企业劳动收入份额提升的发现,有助于揭示有为政府公平、公正地服务民营企业的决心。更为重要的是,研究坚定了政府积极推动新型政商关系构建,优化营商环境,提升民营企业经济活力,在推动企业高质量发展中实现共同富裕的伟大目标的战略正确性。

第 5 章

新型政商关系与民营企业内部薪酬差距

中国式现代化是共同富裕的现代化。党的十九大报告中指出,当前我国面临的主要矛盾是"人民日益增长的美好生活需要和不平衡不充分的发展之间的矛盾"。收入分配不平等也是不平衡、不充分发展的重要标志之一。然而改革开放以来,我国居民收入分配的不公平、不平等逐渐拉大(Piketty 等,2019)。世界银行数据显示,2022 年我国基尼系数为 0.47,贫富差距不断加大,收入呈现出"穷降富升"的发展趋势。事实上,中国基尼系数从 2012 年开始,就已经越过了 0.4 这一国际公认的警戒线,并不断攀升。作为宏观经济的微观主体,企业内部的薪酬差距拉大也被认为是居民收入差距拉大的重要因素(Chen 等,2014;方芳和李实,2015),而企业内部的薪酬差距则主要体现在高管与员工之间的薪酬差距。德勤管理咨询(上海)有限公司所发布的《2018—2019 年度中国 A 股上市公司高管薪酬及长期激励调研报告》显示,2018 年中国 A 股上市公司高管—员工的平均薪酬差距达到 9.74 倍,较 2016 年和 2017 年均有所提高。锦标赛理论认为,高管与普通员工的薪酬差距有利于组织内部展开竞争,产生正向激励作用,员工为了职位晋升与高额薪酬，会更加努力地工作。然而行为学观点认为，过大薪酬差距会破坏组织内部的合作，可能导致消极怠工现象，进而产生负面的激励效应（De Varo 和 Gürtler，2015；魏芳和耿修林，2018）。同时，过大的企业内部薪酬差距，则往往暗含着高管腐败、粉饰业绩以提高个人薪酬有关的委托代理问题（刘晓伟等，2017）。

国有企业向来具有平均主义偏好，政府可以通过"限薪令"等行政干预手段降低对高管薪酬的管制（陈冬华等，2005），高管与员工的薪酬差距一直不大（林浚清等，2003）。而以资本为中心的民营企业缺乏强制性约束，且高管"自主设定、自主通过"薪酬方案的内部治理缺陷也没有得到根本性改善。民营企业高管"天价薪酬"是当前普遍存在的问题。尤其是二元经济模式下，市场机制不成熟及法律法规不健全的情形下，民营企业热衷于通过与政府建立政治关联获得各种"优惠"和"特权"（罗党论和黄琼宇，2008；吴文锋等，2008；余明桂和潘红波，2008；杜兴强等，2010）。这种利用资本绑架权力、通过寻租获取"特权"和资源的政商关系，不仅扭曲整个社会稀缺资源配置（Charumilind 等，2006；Claessens 等，2008；何德旭和周中胜，2011），还通过权力极化导致企业内部薪酬差距加大（杜兴强等，2013），或致使高管通过政治联系发挥"关系"作用、抑制"政府干预"作用，继而加大内部薪酬差距（郭剑花，2015）。同时，这种政商关系产生的政府与企业间的代理问题，会扭曲正常的企业高管激励机制，不仅使企业脱离价值最大化目标（禄东等，2012；黄新建和刘苗，2018），还会由于监督不足造成高管薪酬—业绩敏感性下降（刘慧龙等，2010），进一步加剧企业内部薪酬差距。持续扩大的高管与员工的薪酬差距，正成为我国居民总体收入差距形成的重要原因之一（方芳和李实，2015）。

如何破解"亲而不清""清而不亲"的政商关系导致的权力极化和代理冲突，缩小管理与员工的薪酬差距，进而实现初次分配中不同劳动者之间的分配公平正义是转型经济体面临的客观难题。"亲清"政商关系是全面从严治党背景下，习近平总书记对如何处理政府与企业、厘清权力和资本之间的关系与边界、通过构建高质量营商环境促进民营企业健康发展提出的新要求。在中国经济迈向高质量发展新征程的背景下，考察新型政商关系对民营高管—员工薪酬差距的影响，使更多低收入群体成为潜在的中等收入群体，对促进共同富裕目标的实现意义重大。概括起来，本章的边际贡献如下：

第一，丰富了民营企业高管与员工收入分配公平的影响因素研究。已有研究多聚焦公司特征以及管理层行为对高管与员工薪酬差距的影响（卢锐，2007），忽视了制度环境的决定作用。本章基于划清"权力"与"资本"界限的视角，探讨如何缩小高管与员工薪酬差距，为探索通过制度建设促进企业收入分配公平、实现内部共同富裕提供了新的思路。

第二，为优化公司薪酬差距的机制设计提供了启示。研究发现能提高政府对构建新型政商关系的关注度和积极性，通过政府和企业关系的良性互动，促进公司治理水平提高和实现收入分配公平正义。

第三，揭示了新型政商关系影响企业收入差距的机制和约束环境，这对我们认识和理解外部制度环境和企业其他治理机制之间存在的协同和互补关系提供了证据，为进一步提升营商环境促进企业内部收入分配公平提供了现实路径。

5.1 理论分析与研究假设

新型政商关系以"亲""清"为两大核心内容，是社会主义民主的"法治"与市场经济的"规则"的有效结合，这种健康的政商关系是一种政府与民营企业家独立、平等、合作、共荣的非依附型的政商关系。"亲清"政商关系的构建将通过"法治、善治与规制"三种合力实现（王帅，2019）。"亲"的关键在于政府要"善治"，要基于促进民营企业健康发展的立场，提供适应市场经济运行规律的基本公共服务和制度保障；"清"的关键在于政府要"法治"，通过法治建设划清"权力"和"资本"的界限，破除政府官员权力不受监督和约束的体制性弊端。在政商关系的良性互动中，民营企业家的行为要被"规制"，不仅要遵守现代商业文明和现代企业制度，也要遵守法律道德和市场规则，增强社会公义。罗尔斯（1971）在《正义论》中指出正义即公平。罗尔斯把企业抽象为主要由管理层和员工组成的组织，在企业生产运营活动过程中，管理层和员工的收入均会增长，罗尔斯认为这种分配是公平的。如果管理层和普通员工的收入增长背离，即管理层的收入增长呈上升趋势，而普通员工收入呈下降趋势，高管与员工薪酬差距拉大，那么这种分配就是不正义的、有失公平的。"亲清"政商关系的构建将重塑社会资源分配，进而影响微观层面的高管与员工收入分配差距。

一方面，"亲清"政商关系通过市场化、法治化建设破除"资本权力化"，降低高管—员工薪酬差距。在中国市场机制和法治建设相对落后的制度背景下，政府部门"设租""收租"和企业"寻租"是旧有政商关系的典型特征。部分政府部门或政府官员通过拥有的行政审批权、行政许可权、行政划拨权等行政权力，进行"设租"和"收租"，以实现权力、地位和收益的最大化。而寻租产生的根源在于某些制度和政策限制了民营企业的入场和竞争，寻租者为了获得特殊保护，需要向掌握资源分配权力者"交租"后，才能获得超额利润（魏杰和谭伟，2004）。在国家反腐力度不断加强的情况下，民营企业聘请二线干部作为企业的董事长或总经理是较为隐蔽和保险的手段（杜兴强等，2012），借助官员的"余威"在相对隐匿和保险的条件下获得了排他性和垄断性的高增长业绩。这些附带稀缺资源的干部价值在市场环境下往往被高估，企业也为了留住和争夺这些优秀的高管资源给予高薪。而普通员工的薪酬则徘徊在市场均衡价格边缘，导致高管与员工薪酬差距拉大（杜兴强等，2013）。在市场化、法治化基础上的具有普惠性质的政商关系下，政府的"善治"会站在公共利益的角度公平、平等地服务民营企业，使政府服务企业的意识和水平更高。政府站在公共利益角度出于支持民营企业健康发展的考量，会推动和完善该区域的信用服务体系，缓解企业与其他金融机构之间的信息不对称。同时，政企之间的信息沟通更顺畅，政府会更加公平地将政府补贴、税收减免等惠企政策配置给优秀的企业（管考磊，2019）；公共资源的配置还会产生信号传递作用，赋予企业政治合法性，可以有效降低企业与外部投资者之间的信息不对称，以及企业的融资成本（江炎骏，2021）。企业对外部资源的易得性，使"资本绑架权力"式的政治关联带来的资源获取优势丧失，这将降低企业构建政府—企业网络关系、高薪聘请"官员型"高管的动机。而从本质上讲，

"亲"而不"清",或者"清"而不"亲"是政商关系偏离法治规制轨道,关系异化的政商合作模式。构建"亲清"政商关系,是基于法治和市场准则展开正当透明互动的规则之治,需要通过法治化限制权力恣意、监督和制约权力(杨典,2020)。随着法治建设推进和反腐力度的加大,政府官员"设租"的风险和成本加大,这自然会促使其减少设租动机。同时,法治化程度的增强,会使政府行政透明度和便利化水平提高,这不仅减少了企业的制度性交易成本,也能够有效监督和约束政府的权力,弱化企业的寻租动机,以上均会降低高管与员工薪酬差距。

另一方面,"亲清"政商关系通过市场化、法治化建设破除"权力资本化",降低高管—员工薪酬差距。在两权分离的公司治理结构中,解决第二类代理问题的主要理论是"最优契约理论"。最优契约理论认为,有效的契约能够激励管理层基于股东利益行事(Jensen 和 Meckling,1976)。但 Bebchuk 和 Fried(2002,2004)提出"管理层权力理论",该理论则认为代表股东利益的董事会与股东之间也存在代理问题,即存在管理层"自我监督"问题,拥有较高权力的管理层会凌驾于董事会,直接或者间接地影响董事会对自身业绩的评价,使考核重点向管理层更擅长的方面倾斜(Morse 等,2011)。对于上市公司薪酬差距原因,国内的研究主要通过公司特征、公司治理、公司业绩(雷宇和郭剑花,2012;卢锐,2007;雷宇等,2012)等因素来解释。而以上因素均脱离不了管理层权力对薪酬差距的放大作用(代彬等,2011;Otten 和 Heugens,2007)。旧有的政商关系下,政治联系会强化管理层通过政治资源在企业中的行政权力,通过控制董事会(Chen 等,2011),强化自定薪酬的动机和能力,进而拉大内部薪酬差距(章永奎等，2013）。比如，余明桂等（2010）研究发现，拥有政治联系的民营企业一般能获得更多的政府补贴，这种情况下，政府补贴的授予存在随意性，使用无明确的法律制度规范，为寻租留下空间。尤其是政府补助在账面上记录为营业外收入，是不能反映管理层个人能力和努力程度的业绩噪声，因此在管理层权力较大时，其有动机和能力通过其控制权谋取私利，形成超额薪酬（罗宏等，2014）。相似的研究也证明了上述观点：高管的政治关联资本能够构筑管理层的职位壕沟，使其被迫离职的可能性减小（Pi 和 Lowe，2010；游家兴等，2010）。政治关联导致的高管权力极化扭曲了管理层激励机制，使企业内部资源向管理层倾斜，加剧了高管与员工间的薪酬差距。政府的"善治"推动公共服务的水平越高，市场中介、金融服务要素市场发育程度越高，资源要素越可能依靠市场化手段进行配置，建立在企业和官员互惠基础上的政商关系将被破除。在资源的抢夺效应和法律监督下，企业管理层将"规制"自身行为，自觉收敛资金滥用、职务侵占、自定薪酬的机会，降低高管与员工薪酬差距。因此，资源的市场竞争效应将促使企业建立"规制"，抑制管理层利用权力自定薪酬的动机，缩小薪酬差距。以往类似的研究也证明了这一点。然而有效的市场竞争机制需要"法治"对各市场利益主体的权益进行保护。王茂斌和孔东民（2016）发现，党的十八大以来我国的营商环境和公司治理机制都得到了明显改善，有助于促进管理层减少隐性腐败行为，降低企业内部薪酬差距。同样，反腐和党组织参与治理能够提升公司治理水平，降低薪酬差距（陈红等，2018）。

基于以上分析，以下总结了新型政商关系降低高管—员工薪酬差距的内在机制（见图 5-1），并提出以下假设：

H4：新型政商关系能够降低高管—员工薪酬差距。

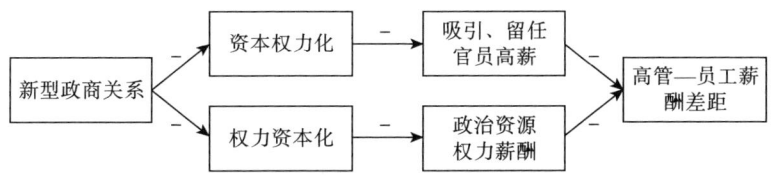

图 5-1　新型政商关系影响高管—员工薪酬差距的路径

5.2　研究设计

5.2.1　样本选择与数据来源

基于数据的可得性，将 2017—2020 年沪深两市 A 股的民营上市公司作为研究样本，并分别剔除了金融保险类公司、当年 IPO 的公司、被特殊处理的公司以及相关数据缺失的公司。最终得到 3393 个样本观测值。涉及的主要变量数据均来自 CSMAR 数据库以及"中国城市政商关系排行榜"（2017—2020 年）。为控制异常值对影响检验结果的无偏性，对涉及的所有连续变量进行上下 1% 的截尾处理。

5.2.2　模型构建与变量定义

$$\text{Gap}_{i,t} = \alpha_0 + \alpha_1 \text{Gbr}_{j,t} + \sum_k \gamma_k \text{Control} + \sum \text{Year} + \sum \text{Industry} + \varepsilon_{i,j,t}$$

(5-1)

其中，i 表示各企业；j 是上市公司对应的城市，t 对应各年份。

(1) 被解释变量

本章通过高管与员工之间的薪酬差距衡量企业内部不同劳动者群体收入分配的公平性。参照 Faleye 等（2013）、Banker 等（2016）、孔东民等（2017）的研究，采用高管平均薪酬（AMP）和普通员工平均薪酬（AEP）的比值来衡量高管与普通员工之间的薪酬差距。具体为：

$$管理层平均薪酬 = \frac{管理层年薪总额}{管理层人数 - 独立董事人数 - 未领取薪酬的管理层人数}$$

$$普通员工平均薪酬 = \frac{支付给职工以及为职工支付的现金 - 管理层年薪总额}{员工总人数 - 管理层人数}$$

(2) 解释变量

利用聂辉华（2018—2021）等构建的涵盖中国 285 个城市的 2017—2020 年的城市亲清政商关系指数为解释变量。其中，政商关系的总指数（Gbr）由亲近指数（Close）和清白指数（Clear）两部分组成。亲清政商关系总体情况由政商关系的总指数来衡量；亲近指数主要包括政府关心、政府服务、企业税费负担三项；清白指数主要包括政府廉洁度和透明度。对总指数和分项指数都进行了正向化、标准化处理，指标的分值均位于 0—100 分。

(3) 控制变量

本章控制影响企业收入差距的微观因素和劳动收入份额的宏微观因素。具体包括，①企业基本特征：企业规模（Size）、资产负债率（Lev）、资产收益率（Roa）、成长性（Growth）、上市年限

(Listage)。②公司治理变量：两职合一（Dual）、独董比例（Indep）、董事会规模（Board）、股权集中度（Top1）、机构持股（Inst）。③行业特征：赫芬达尔指数（HHI）。④地区经济发展水平：地区人均 GDP 的自然对数（Pergdp）。

具体变量定义如表 5-1 所示。

表 5-1　　　　　　　　　　变量定义

类别	名称	符号	定义
被解释变量	高管—员工薪酬差距	Gap	管理层平均薪酬/普通员工平均薪酬
解释变量	亲清政商关系	Gbr	政商关系健康指数
		Close	政商关系亲近指数
		Clear	政商关系清白指数
控制变量	企业规模	Size	公司总资产的自然对数
	资产负债率	Lev	期末负债/（期初总资产+期末总资产）/2
	资产收益率	Roa	净利润/（期初总资产+期末总资产）/2
	成长性	Growth	当年营业收入/（当年营业收入－上年营业收入）
	两职合一	Dual	董事长与总经理两职合一时取1；否则取0
	独董比例	Indep	独董人数/董事会总人数
	董事会规模	Board	董事会人数
	股权集中度	Top1	第一大股东持股比例
	机构持股	Inst	机构投资者持股比例
	上市年限	Listage	ln（当年年份－上市年份+1）
	行业竞争度	HHI	根据赫芬达尔指数定义的行业竞争度得出
	区域经济发展	Pergdp	地区人均 GDP 的自然对数
	行业	Industry	行业虚拟变量，根据 2012 年证监会行业分类标准产生
	年度	Year	年度虚拟变量

5.3 实证结果分析

5.3.1 描述统计分析

表 5-2 列示了主要变量的描述性统计结果。可以看出,高管—员工薪酬差距(Gap)的均值为 4.985,标准差为 2.980,最大值为 12.69;一方面说明民营上市公司的高管—员工薪酬差距较大,另一方面表明我国民营上市公司样本间差异较大,这和部分研究的统计结果接近(孔东民等,2017)。同样,政商关系总指数均值为 0.600、标准差为 0.225,说明不同省份区域的亲清政商关系程度差异也较大,这有助于我们进一步研究。

表 5-2 描述性统计结果

变量	样本量	均值	标准差	最小值	中位数	最大值
Gap	3393	4.985	2.980	0.995	4.096	12.69
Gbr	3393	0.600	0.225	0	0.580	1
Close	3393	0.495	0.244	0	0.458	1
Clear	3393	0.701	0.170	0.040	0.742	1
Size	3393	22.16	1.071	20.11	22.06	24.82
Lev	3393	0.394	0.176	0.068	0.392	0.743
Roa	3393	0.033	0.079	-0.297	0.041	0.137
Growth	3393	0.123	0.262	-0.513	0.101	0.726
Dual	3393	0.366	0.482	0	0	1
Indep	3393	0.378	0.050	0.333	0.364	0.500

续表

变量	样本量	均值	标准差	最小值	中位数	最大值
Board	3393	2.080	0.185	1.609	2.197	2.398
Top1	3393	0.290	0.125	0.083	0.279	0.583
Inst	3393	0.331	0.230	0	0.305	3.267
Listage	3393	2.180	0.666	0.693	2.197	3.219
HHI	3393	0.236	0.149	0.041	0.206	1
Pergdp	3393	11.39	0.366	10.50	11.43	12.01

5.3.2 多元回归分析

为考察新型政商关系对企业薪酬差距的影响,将反映企业内部高管与员工薪酬差距的变量(Gap)作为被解释变量对新型政商关系(Gbr)进行回归,结果如表 5-3 列(1)、列(2)所示。可以看出,无论是否加入控制变量,"亲清"政商关系与高管—员工薪酬差距的回归系数显著为负,Gbr 的系数分别为 -1.428、-0.736,且分别在 1% 和 5% 的水平上显著。这表明"亲清"政商关系能够促进企业降低内部薪酬差距。研究进一步将亲近指数(Close)和清白指数(Clear),代入模型(5-1),回归结果如表 5-3 列(3)、列(4)所示。从中可以看出,被解释变量(Gap)与亲近指数、清白指数的回归系数均显著为负。这表明"亲清"政商关系能够降低企业高管—员工薪酬差距,假设 H4 成立。

控制变量的检验结果显示,企业规模(Size)与高管—员工薪酬(Gap)差距呈显著正相关关系,这一方面源于管理层的个人收益通常和企业规模的正相关。即大规模公司管理层在货币及非货币收益上都远高于小规模公司,大规模公司支付给普通员工的工资也通常高于小规模公司。另一方面,企业规模的扩大会提高高管权力以及其权力薪酬。盈利能力(Roa)与薪酬差距呈正相关关系,这也符合事实,在民营企业的薪酬结构中,相对普通员工,高管努力不易观察,承担的风险更大,绩效薪酬更高。因此,业绩越好,薪酬差距越大。机构投资者(Inst)的监督加大了企业的薪酬差距,机构投资者作为一种重要的监督力量,能够有效监督管理层的机会主义行为,促进企业业绩提升,进而拉大薪酬差距。

表5-3 新型政商关系影响高管—员工薪酬差距的基准回归分析

变量	(1)	(2)	(3)	(4)
		Gap		
Gbr	-1.428***	-0.736**		
	(-3.97)	(-2.03)		
Close			-0.531**	
			(-2.02)	
Clear				-2.108***
				(-4.71)
Size		0.776***	0.773***	0.780***
		(8.57)	(8.52)	(8.70)
Lev		-0.146	-0.156	-0.230
		(-0.34)	(-0.37)	(-0.54)
Roa		2.885***	2.911***	2.823***
		(3.73)	(3.75)	(3.65)
Growth		-0.303	-0.304	-0.298
		(-1.36)	(-1.35)	(-1.34)
Indep		2.261	2.200	1.831
		(1.25)	(1.22)	(1.01)

续表

变量	(1)	(2)	(3)	(4)
		Gap		
Top1		-0.493	-0.527	-0.511
		(-0.82)	(-0.88)	(-0.86)
Board		0.541	0.539	0.521
		(1.11)	(1.10)	(1.07)
Dual		-0.103	-0.114	-0.115
		(-0.83)	(-0.92)	(-0.94)
Inst		0.868***	0.893***	0.860***
		(2.62)	(2.71)	(2.59)
Listage		-0.020	-0.013	-0.008
		(-0.17)	(-0.10)	(-0.07)
HHI		0.263	0.277	0.266
		(0.49)	(0.52)	(0.50)
Pergdp		-0.568**	-0.708***	-0.453**
		(-2.56)	(-3.21)	(-2.12)
Constant	6.004***	-7.110**	-5.836*	-7.524**
	(6.54)	(-2.03)	(-1.65)	(-2.19)
Industry & year	控制	控制	控制	控制
N	3327	3128	3128	3128
Adj_R^2	0.073	0.206	0.203	0.214

注：*、**、*** 分别表示在10%、5%、1%水平上显著；采用公司层面的聚类稳健标准误进行调整。

5.3.3 稳健性与内生性检验

第一，考虑行业周期性带来的收入结构变化。尽管基准检验部分分别对行业和年份的固定效应进行了控制，但仍然无法排除由于行业周期性波动引发的劳动收入结构变化。为了排除这种可能性影响基准检验的可靠性，本部分进一步在基准回归模型中加入行业—时间的交互项。检验结果如表 5-4 Panel A 的列（1）至列（3）所示，在控制了行业—时间交互作用后，回归结果与基准检验一致，这说明基准检验结论是可靠的。

第二，内生变量采用滞后一期。为了解决可能存在的遗漏变量产生的内生性问题，将使用内生变量的滞后一期替代当期的内生变量。其基本思路为，内生变量的上一期与当期误差项并不存在相关关系，但与本期的内生变量存在关系。将新型政商关系指数的滞后一期数据代入模型（5-1）后进行回归，结果如表 5-4 中 Panel A 的列（4）至列（6）所示，回归结果与基准检验一致。

第三，替换解释变量。"中国城市政商关系排行榜（2017—2020 年）"中的城市政商关系健康指数很大程度上反映的是各城市政商关系的相对优劣，得分并不具有实际意义，因此，参考管考磊（2019）的做法，将样本期间的企业政商关系得分按照从低到高依次赋值，分为十组，重新度量政商关系健康指数。结果如表 5-4 中 Panel B 列（1）至列（3）所示，回归结果与基准检验一致。

表 5-4　　　　　　　　内生性与稳健性检验

变量	(1)	(2)	(3)	(4)	(5)	(6)
	Panel A					
	排除行业周期性			内生变量滞后一期		
Gbr	-0.867***			-1.33***		
	(-3.06)			(-3.36)		

续表

变量	(1)	(2)	(3)	(4)	(5)	(6)
	Panel A					
	排除行业周期性			内生变量滞后一期		
Close	-0.367			-0.803**		
	(-1.39)			(-2.19)		
Clear		-0.294***				-2.29***
		(-6.12)				(-4.89)
Controls	控制	控制	控制	控制	控制	控制
Industry & Year	控制	控制	控制	控制	控制	控制
N	3122	3122	3122	1684	1684	1684
Adj_R^2	0.166	0.164	0.174	0.179	0.175	0.185

变量	(1)	(2)	(3)	(4)	(5)	(6)
	Panel B					
	替换解释变量			两阶段最小二乘法（2SLS）		
Gbr/Gbr_IV	-0.110***			-3.11***		
	(-3.64)			(5.77)		
Close/Close_IV		-0.087***			-3.03***	
		(-2.96)			(-3.24)	
Clear/Clear_IV			-0.107***			-3.69***
			(-4.30)			(-2.61)
Controls	控制	控制	控制	控制	控制	控制
Industry & Year	控制	控制	控制	控制	控制	控制
Hausman				P=0.0197	P=0.002	P=0.0311
F_Test				F=159.21	F=122.97	F=103.24
N	3128	3128	3128	3393	3393	3393
Adj_R^2	0.209	0.206	0.212	0.123	0.252	0.163

注：*、**、***分别表示在10%、5%、1%水平上显著；采用公司层面的聚类稳健标准误进行调整。

第四，两阶段最小二乘法。尽管政商关系对于微观企业而言是外生的，但由于企业薪酬差距等微观行为对区域制度环境的形成具有一定的影响，因此，双向因果关系可能依然存在。参考夏广瑞（2020）的做法，使用同省份的其他城市的平均政商关系健康指数以及樊钢市场化指数中的"要素市场发育状况"作为工具变量（IV）。基本思想是同省份其他城市的平均政商关系健康指数可能与该城市的政商关系相关，但并不会直接影响该企业的员工薪酬水平。一个地区市场分配资源比重越高、政府廉洁度越高，政府的服务功能就越强，企业谋求政治庇护动机就越弱。本部分采用两阶段最小二乘法（2SLS）进行回归，结果如表 5-4 中 Panel B 列（4）至列（6）所示，Gbr_IV、Close_IV、Clear_IV 的系数均在 1% 的水平上显著，工具变量与企业薪酬差距的回归系数均在 1% 的水平上显著正相关。Hausman 检验通过了工具变量是否外生的检验；且 F 值的结果拒绝了弱工具变量假设。

5.4　影响机制分析

理论分析部分阐述了新型政商关系影响企业高管与员工收入差距可能通过市场化、法治化建设破除"资本权力化"和"权力资本化"。然而这两种机制是否真实存在尚不得而知。基于此，以下使用中介效应模型逐步进行验证。

如上文所述，新型政商关系的构建中，政府要"善治"，关心企业，通过提高对民营企业的服务水平等弱化民营企业通过高薪建立政治关联（"资本权力化"）的动机，以及管理层通过建立政治关联权力极化导致的自定薪酬（"权力资本化"）问题。"资本权力化"集中地表现在民营企业通过向政府官员"寻租"产生,而"权力资本化"则表现为企业董事会下属的薪酬委员会缺乏独立性,对高管薪酬制定缺乏有效约束,公司治理水平低下。因此,以下从民营企业的"寻租"动机和公司治理水平两个层面检验新型政商关系对企业高管—员工薪酬差距影响的中介作用。其中,参考杜兴强等(2010)的研究,对寻租进行度量:

$$AE_{it} = \beta_0 + \beta_1 Sale_{it} + \beta_2 Lev_{it} + \beta_3 Growth_{it} + \beta_4 Board_{it} + \beta_5 Staff_{it} + \beta_6 Big4_{it} + \beta_7 Listage_{it} + \beta_8 Magin_{it} + \beta_9 Plever_{it} + \beta_{10} HHI\_5_{it} + \beta_{11} CI_{it} + \sum Industry + \sum Year + \varepsilon_{it} \quad (5-2)$$

模型(5-2)中,AE 为管理费用与营业收入的比值;Sale 取营业收入的自然对数;Lev 为财务杠杆,Lev = 期末负债/(期初总资产 + 期末总资产)/2;Growth 为营业收入增长率,Growth = 当年营业收入/(当年营业收入 - 上年营业收入);Borad 为董事会人数;Staff 为员工总数;Big4 为是否为国际"四大"事务所;Listage 为公司上市年限;Magin 为企业毛利率;Plever 为物价指数,以在职员工的平均工资水平(万元)衡量;HHI_5 为公司前五大股东的赫芬达尔指数,衡量股权集中度;CI 代表资本密集度,等于固定资产除以总资产。对模型(5-2)回归取得其残差,即超额管理费用(Eae),作为寻租的代理变量。

借鉴胡楠等(2021)、严若森等(2018)的做法,本章运用主成分分析法从监督、激励和决策等多个方面构造了公司治理指数(Govindex)。公司治理指数的构建通过激励力度、董事会监督作用、股权结构的监督作用、总经理权力几个维度进行考量。其中,激励力度分别从高管薪酬和持股比例两个维度来刻画、董事会监督作用采用董事会规模和独董比例两个指标来衡量;股权结构的监督作用分别从机构的持股比例与股权制衡度两个维度来度量;总经理权力利用董事长是否兼任总经理来衡量。基于上述 7 个指标,运用主因子分析法构建公司治理指数。公司治理指数得分越高,则说明企业公司治理水平越高。

参照 Baron 和 Kenny (1986) 的做法,通过以下程序进行检验。

首先,本章检验新型政商关系 (Gbr/Close/Clear) 对薪酬差距 (Gap) 的总效应。由于总效应在主检验中已得到验证,在此不再赘述。

其次,检验新型政商关系和"寻租"(Eae) 关系。Gbr、Close、Clear 的系数分别为 -0.010、-0.012、0.001,前两个分别在 5%、1% 的水平上显著,即政商关系能够降低企业的寻租费用,可能存在中介效应 (见表 5 -5)。

表 5 -5　　　　　新型政商关系、寻租与高管与员工薪酬差距

变量	(1) Eae	(2) GAP	(3) Eae	(4) GAP	(5) Eae	(6) GAP
Gbr	-0.010**	-1.032***				
	(-2.15)	(-2.65)				
Close			-0.012***	-0.476		
			(-2.97)	(-1.34)		
Clear					0.001	-2.225***
					(0.17)	(-4.81)
Eae		-2.912**		-2.818**		-2.584*
		(-2.05)		(-1.98)		(-1.82)
Controls	控制	控制	控制	控制	控制	控制
Industry & Year	控制	控制	控制	控制	控制	控制

续表

变量	(1) Eae	(2) GAP	(3) Eae	(4) GAP	(5) Eae	(6) GAP
N	3024	3009	3024	3009	3024	3009
Adj_R^2	0.090	0.205	0.120	0.203	0.117	0.214

注：*、**、*** 分别表示在10%、5%、1%水平上显著；采用公司层面的聚类稳健标准误进行调整。

最后，将中介变量"寻租"（Eae）和新型政商关系健康指数同时放入模型（5-2）中进行检验。由表5-5列（1）、列（3）、列（5）可见，中介变量寻租费用Eae的系数分别为-2.912、-2.818、-2.584，分别在5%、5%及10%的水平上显著，结合单变量检验结果和自变量的系数表现，验证了寻租费用在新型政商关系与企业高管—员工薪酬差距中间发挥部分中介效应。

同理，将公司治理水平（Governance）按照同样的检验步骤进行检验，结果见表5-6，由表可知，新型政商关系与公司治理水平呈正向关系；同时将中介变量公司治理水平（Governance）和新型政商关系健康指数同时放入模型（5-2）中进行检验，中介变量和自变量均显著为负，这意味着公司治理水平在新型政商关系与企业高管—员工薪酬差距中间发挥了部分中介效应。

表5-6　新型政商关系、公司治理与高管与员工薪酬差距

变量	(1) Govindex	(2) GAP	(3) Govindex	(4) GAP	(5) Govindex	(6) GAP
Gbr	0.296***	-0.967***				
	(3.48)	(-2.60)				

续表

变量	(1) Govindex	(2) GAP	(3) Govindex	(4) GAP	(5) Govindex	(6) GAP
Close			0.291***	-0.423		
			(3.68)	(-1.24)		
Clear					0.087	-2.191***
					(0.91)	(-4.92)
Governance		-0.555***		-0.566***		-0.567***
		(-6.09)		(-6.18)		(-6.33)
Controls	控制	控制	控制	控制	控制	控制
Industry & Year	控制	控制	控制	控制	控制	控制
N	3145	3145	3145	3145	3145	3145
Adj_R^2	0.555	0.214	0.555	0.211	0.552	0.222

注：*、**、***分别表示在10%、5%、1%水平上显著；括号内为 t 值。

5.5 进一步分析

5.5.1 细化新型政商关系指数

政商关系总指数（Gbr）由亲近指数（Close）和清白指数（Clear）组成。基于政商关系的一级指标，以下进一步讨论亲近指数和清白指数的细化指标对高管—员工薪酬差距的影响。其中，亲近指数包括政府关心（Gc）、政府服务（Gs）、政府税收（Gt）；清白指数包括为政府廉洁度（Gh）和行政透明度（Go）。检验结果见表5-7，由表可知，政府关心（Gc）、政府服务（Gs）、政府廉洁度（Gh）和行政透明度（Go）均能显著减少企业高管—员工薪酬差距；而政府税收（Gt）则会加剧高管—员工薪酬差距，基本符合基本预期。

表5-7 基于亲清政商关系细化指标的检验

变量	(1)	(2)	(3)	(4)	(5)
	Gap				
Gc	-1.364***				
	(-4.63)				
Gs		-0.781**			
		(-2.54)			
Gt			0.718*		
			(1.78)		
Gh				-0.728**	
				(-2.12)	
Go					-2.247***
					(-5.32)
Controls	控制	控制	控制	控制	控制
Industry & Year	控制	控制	控制	控制	控制
N	3024	3009	3024	3009	3024
Adj_R^2	0.090	0.205	0.120	0.203	0.117

注：*、**、***分别表示在10%、5%、1%水平上显著；括号内为t值。

5.5.2 外部审计监督力量的替代作用

旧有的政商关系下，政府往往以"强干预、弱治理"的角色出现。即政府通过行政干预与企业建立联系,企业以政治关联获得竞争优势,然而这会弱化公司治理的有效性。审计能够通过治理功能弥补法律建设薄弱的制度环境缺陷;作为降低股东与管理层之间代理冲突的监督力量,审计能够有效监督"天价薪酬"和"零薪酬"等薪酬乱象(杨德明和陈玉秀,2013)。而基于声誉保护压力机制和"深口袋"理论,高质量的审计对第二类代理冲突的缓解作用更强(伍丽娜,2010;De Angelo,1981)。基于不同公司治理机制之间的替代关系,我们预计在审计监督较弱的企业中,新型政商关系对企业高管—员工薪酬差距的影响更大。

表5-8报告了外部审计监督的分组检验结果。在非四大组别,新型政商关系Gbr、Close及Clear的系数分别为-1.260、-0.750、-2.203,且分别在1%、5%以及1%的水平上显著为正。即外部审计监督较弱时,新型政商关系对高管—员工薪酬差距的影响更大,这说明新型政商关系能够弥补外部审计监督不足,对高管薪酬发挥治理作用。

表5-8　　　　　基于外部审计监督的异质性分析

变量	(1) 四大	(2) 非四大	(3) 四大	(4) 非四大	(5) 四大	(6) 非四大
			Gap			
Gbr	1.602	-1.260***				
	(0.43)	(-3.50)				
Close			3.120	-0.750**		
			(1.02)	(-2.29)		
Clear					-4.611	-2.203***
					(-0.79)	(-4.96)

续表

变量	(1) 四大	(2) 非四大	(3) 四大	(4) 非四大	(5) 四大	(6) 非四大
			Gap			
Controls	控制	控制	控制	控制	控制	控制
Industry & Year	控制	控制	控制	控制	控制	控制
Prob > chi2	0.0031***		0.0149*		0.0027***	
N	120	3289	120	3289	120	3289
Adj_R^2	0.666	0.202	0.672	0.198	0.672	0.208

注：*、**、*** 分别表示在10%、5%、1%水平上显著；括号内为 t 值。

5.5.3 不同市场化进程的考察

作为重要的外部治理环境，市场化进程能够对高管薪酬治理产生重要影响。我国从20世纪70年代进行市场化改革，但是地区间经济发展水平、法治水平并不平衡，导致市场化进程差异明显。随着市场化进程的推进，政府干预较少，各种要素的流动性更高，垄断的优势丧失，高管薪酬业绩敏感性增强，降低了高管通过寻租和权力极化产生的超额薪酬问题（赵健梅等，2017）。市场化程度较低的地区，由于法律法规不健全、监管缺失、企业信息透明度较差等使得高管的代理问题严重。从历史经验来看，诱发权力寻租、行贿受贿、利益输送的模糊地带常常也存在市场监管法律规范体系滞后以及法治规则的刚性约束缺乏问题（江炎骏，2021）。基于以上分析，我们认为，在市场化建设比较落后的区域，新型政商关系对企业高管—员工薪酬差距的影响更大。

参考王小鲁（2018）以年度中位数将样本划分为"高市场化

进程"和"低市场化进程"两组,来检验市场化进程的调节效应。由表 5-9 可以看出,在市场化程度较低的组,新型政商关系 Gbr、Close 及 Clear 的系数分别为 -5.286、-5.372、-3.244,且均在 1% 水平上显著为正。这说明较高的市场化程度、较高的信息透明度及相对健全的法律法规削弱了新型政商关系对高管薪酬激励的治理作用。较高的信息不对称和不完善的法律监管引发了较严重的管理层机会主义,使新型政商关系能更好发挥治理效应,弥补市场化程度不足对公司的治理作用。

表 5-9　　　　　　　基于市场化进程的异质性分析

变量	(1) 市场化程度高	(2) 市场化程度低	(3) 市场化程度高	(4) 市场化程度低	(5) 市场化程度高	(6) 市场化程度低
			Gap			
Gbr	0.302	-5.286***				
	(0.75)	(-6.56)				
Close			0.440	-5.372***		
			(1.24)	(-6.49)		
Clear					-0.896	-3.244***
					(-1.34)	(-5.47)
Controls	控制	控制	控制	控制	控制	控制
Industry & Year	控制	控制	控制	控制	控制	控制
Prob > chi2	0.0031***		0.0149*		0.0027***	
N	2122	1287	2122	1287	2122	1287
Adj_R²	0.305	0.241	0.305	0.232	0.305	0.221

注:*、**、*** 分别表示在 10%、5%、1% 水平上显著;括号内为 t 值。

5.6　本章小结

构建"亲而有度、清而有为"的新型政商关系对于促进社会公平、实现共同富裕至关重要。作为宏观经济的微观主体,企业内部薪酬差距拉大被认为是收入差距扩大的重要因素,而企业内部的薪酬差距集中地体现在高管—员工的薪酬差距。既有的建立在官商个人利益基础上的、畸形的政商关系加剧了高管与员工收入分配的不公平,不利于我国现阶段"不平衡、不充分"主要矛盾的解决。建立在制度化、法治化基础上的平等、合作和互补的政商关系有助于降低高管与员工的薪酬差距,该结论在排除其他可能性解释、变量度量误差以及反向因果关系等一系列稳健性与内生性检验后依然成立。新型政商关系通过市场化、法治化建设有效破除了"资本权力化"和"权力资本化"问题,有效抑制了民营企业通过寻租形成的官员高薪和政治资源构建的权力薪酬,使得企业高管与员工薪酬差距缩小。异质性分析表明,新型政商关系促进民营企业高管—员工薪酬差距的缩小主要发生在非"四大"事务所和市场化程度较低区域的公司。本章从厘清政府与企业的边界,划清权力与资本界限的视角,分析了新型政商关系缩小高管—员工薪酬差距,以及促进民营企业内部实现共同富裕的意义。本章研究具有以下几点启示:

首先,构建"亲而有度、清而有为"的政商关系有助于缓解企业内部高管—员工收入不平等问题,推动民营企业平衡企业内部不同群体间的利益矛盾,实现员工利益分享与企业发展相协调的目标。因此，在我国出口受阻、投资拉动经济乏力、力求通过消费拉动内需的宏观背景下，应进一步推动新型政商关系的构建，纠正扭曲的政商关系，发挥新型政商关系对分配公平的治理作用。

其次，由于我国经济属于政府主导下的市场经济，政府主导经济运行的过程中，其掌握着资源分配的权力，这严重扭曲了由价格信号引导市场经济的运行规则。难免会出现"资本绑架权力"、财富向部分掌握政治资源的人群集中现象，加剧财富分化。同时，建立在这种私人互利基础上的政商关系可能导致民营企业向"官僚型"组织演变，易造成权力薪酬，进一步加剧贫富差距。而新型政商关系通过市场化、法治化手段为"资本"与"权力"划清了界限，有助于推进企业内部不同层级员工实现共同富裕。

最后，新型政商关系的构建在外部审计监督不足和市场化程度较低时更有利于缩小高管与员工薪酬差距，这对我国通过优化营商环境促进企业公司治理水平提升提供了现实路径。有助于我们明晰政府推进"有为政府"和"有效市场"相结合的新型政商关系服务民营企业的决心。更为重要的是，本章坚定了政府积极推动新型政商关系构建，优化营商环境，提升民营企业经济活力，在推动企业高质量发展中实现共同富裕的伟大目标的战略正确性。

第6章

新型政商关系在收入分配促进民营企业高质量发展中的调节效应

随着我国经济转入"新常态",传统竞争优势逐渐削弱,经济增长需要从要素投入驱动转向创新驱动。党的十九大报告指出:"我国经济已由高速增长阶段转向高质量发展阶段,正处在转换增长动力的攻关期",而且进一步提出,"推动经济发展质量变革、效率变革、动力变革,提高全要素生产率",这既是新时代经济发展的鲜明特征,也是未来经济发展的战略指向。推动经济实现高质量发展成为当前和今后一段时期经济工作的根本指针。对微观企业而言,高质量发展主要体现在全要素生产率的提高上,全要素生产率主要是由企业公司治理和技术创新带来的经济增长(Hsieh 和 Klenow,2009;黄贤环和王瑶,2020)。在我国的二元经济模式下,生长在竞争环境中的民营企业是创新发展的主力军,我国有 70% 以上的技术创新成果来源于民营企业。2023 年两会政府工作报告指出,"随着更多利好政策的出台,民营企业将更好地发挥经济创新主体作用,为中国经济高质量发展注入新动能"。因此,民营企业通过创新驱动实现高质量发展对我国经济总体实现高质量发展举足轻重。

企业内部收入分配合理是影响企业高质量发展的重要因素（肖士盛等，2022；柏培文和罗永春，2022；孔东民等，2017；盛明泉等，2019）。从劳资分配关系来讲，劳动力收入份额上升必然导致企业用工成本的上升，产生"成本效应"，劳动力成本负担的加剧和现金流压力的增加必然对企业产生不利影响；但劳动投入的提高可能伴随着劳动力结构优化调整，从而激发员工的积极性和工作效率，产生"激励效应"，提高全要素生产率（肖士盛等，2022）。从高管—员工的薪酬分配效率来看，锦标赛理论和行为理论对薪酬差距的激励效果具有竞争性的解释。锦标赛理论认为，较大的薪酬差距能激励某一层级和更低层级的员工为高额薪酬和职位而努力，有利于企业业绩和价值提升（Lazear等，1981；Rajgopal和Srinivasan，2006），而薪酬差距过大会因丧失公平性，挫伤员工工作积极性和努力程度，进而有损企业价值（Min等，1993）。收入分配是否公平、合理，还应从分配是否有利于经济增长来判断（权衡和徐琤，2002）。因此，总体来看，企业劳资分配和劳动者内部分配对企业的全要素生产率的影响可能存在不同的影响方向，究竟企业内部收入分配如何影响全要素生产率，现有研究并未取到一致性结论，这为本研究提供了难得的契机。

市场经济环境下政商关系不仅塑造了缔约制度和产权制度，也是促进民营企业健康发展的制度环境之一（聂辉华等，2018）。建立在法治化基础上的平等、独立、合作的"亲清"新型政商关系重塑了企业、政府与社会的信息交流机制，在优化资源配置的同时必然影响劳动者对于"效率"与"公平"的认知，进而作用于企业产出效率。本章将"新型政商关系—企业内部收入分配—企业高质量发展"纳入同一个分析框架，研究企业内部收入分配如何影响企业全要素生产率以及新型政商关系在两者之间的调节作用，探求如何通过"公平"促进企业"效率"的提高。本章从企业收入分配公平促进全要素生产率的视角来诠释如何以"公平"促"效率"，这在我国持续完善收入分配改革和进一步推动经济向高质量发展转型的宏观背景下，具有一定理论价值和现实意义。归纳起来，本章的边际贡献如下：

第一，从民营企业劳资分配和高管—员工收入差距两个层面考察民营企业内部收入分配在推动企业高质量发展中的实际效应，并补充了关于全要素生产率决定因素的相关文献。

第二，探索了企业内部收入分配影响企业全要素生产率的潜在机制，有助于深入理解管理层和普通员工在全要素生产率提升中发挥的作用。

第三，揭示了新型政商关系在民营企业内部收入分配影响企业全要素生产率中的调节作用，为制度环境促进微观企业内部的共同富裕及高质量发展提供了理论解释。

第四，研究发现具有明晰的政策含义，为构建"亲清"政商关系而关注企业高质量发展的相关政策和举措，提供了来自企业内部收入分配及全要素生产率提升这一视角的经验证据，这对政府持续推动构建"亲清"政商关系、促进企业内部收入分配公平和民营企业高质量发展提供了有力证据。

6.1 理论分析与研究假设

从"生产决定分配"的历史唯物论原理出发，收入分配一定要有利于激励企业做大"蛋糕"的内在机制,即效率优先,兼顾公平。但按照辩证统一观点,"公平"和"效率"是相辅相成的,公平和效率互相依存,互为前提。提高"效率"是实现"公平"的基础,而"公平"能够激发市场主体的积极性,更好地提高"效率"。因此,初次分配中要处理好"公平"和"效率"的关系。在初次分配中需要探索"效率"促"公平"和"公平"促"效率"的路径,既能提高生产效率,又能推进收入分配公平的制度创新安排。罗尔斯(1971)在《正义论》中指出正义即公平。企业内部收入分配的公平既包括劳资分配关系又包括高管与员工之间的分配公平。本章从劳资分配关系和劳动者内部两个层面分析企业内部收入分配公平对全要素生产率的影响,并在此基础上,进一步研究新型政商关系在两者关系之间的调节作用。

6.1.1　劳动收入份额提升与全要素生产率

全要素生产率主要是由企业公司治理和技术创新带来的经济增长,因此提升的关键是技术创新和资源配置效率的改善(Hsieh 和 Klenow,2009;黄贤环和王瑶,2020)。从员工激励的角度来看,适度的利益共享机制产生的激励效应不仅能够激发劳动者的创新意愿(Lazonick,2003),还能激励劳动者在教育、职业培训和医疗等方面增加投入,有助于提升人力资本;增强其薪酬公平感和提升其对企业的归属感等,进而激励其努力工作,从而降低企业创新中的试错成本和提高资源利用率,促进全要素生产率提升。倪骁然和朱玉杰(2016)通过 2008 年《劳动合同法》实施构建双重差分模型,发现劳动保护的增强能够有效激励企业创新,且在劳动密集型企业中表现得更为显著。肖士盛等（2022）研究发现，劳动投入的提高可能伴随着劳动力结构优化调整，从而激发员工的积极性和工作效率，进而提高全要素生产率。当劳动收入份额过低，即员工薪酬相对公司的价值增值过低时，员工会感到自己被剥削，并且产生强烈的不公平感和不满情绪，这将挫伤他们的工作积极性，不利于企业创新（Adams，1965）。创新的核心是人和企业资源整合的过程（Belloc，2012）。通常情况下，高管是公司研发活动的决策者，对高管进行有效激励能够减少其短视行为，促使公司将更多资源投入技术创新中（He和Tian，2013）。普通员工作为研发创新的后备支持人员和许多创新思想的来源，也会影响创新的生产效率（Bradley等，2016）。在股东—高管—员工的委托代理关系中，员工的努力程度会通过管理层传导到股东，最终影响企业价值（陈冬华等，2015）。

对企业而言，"激励效应"和"成本效应"会同时发挥作用。一方面，过高的劳动力收入份额上升必然造成企业用工成本的上升，可能对创新产生"挤出效应"，降低全要素生产率。具体地，企业劳动力收入份额上升体现为企业通过新增雇员或对现有劳动力涨薪，劳动力成本负担的加剧会导致企业现金流压力增加。现金流压力产生的资金约束不仅会造成企业面临破产压力（张庆昌和李平，2011），对企业的创新投入产生"挤出"效应（刘波等，2017；Ricardo，1951），还会给生产决策施加增量的约束条件，导致生产管理和销售等难度加大，降低全要素生产率（Christiansen和Haveman，1981；Gray和Shadbegian，1993）。另一方面，为了提高竞争力和增加利润，劳动力成本上升可能"倒逼"企业通过开发新产品或服务、提高劳动产率等方法缓解劳动成本上升带来的成本压力，提高全要素生产率（董新兴和刘坤，2016）。但是，随着劳动力成本的持续上升，可能会抵消激励效应产生的正面效应。国外不少研究发现，员工薪酬与企业技术创新存在替代性关系（Van Reenen，1996；Ricardo，1951）。我国学者胡彬和何璐（2015）依据我国上市公司样本研究发现，企业劳动力成本上升与技术创新呈倒"U"形关系。在一定范围内，劳动力成本上升对企业技术创新具有推动作用。张庆昌和李平（2011）同样发现，员工薪酬上涨有利于企业创新，但存在"门槛效应"。这源于企业过高的薪酬水平会使企业破产压力增加。结合当前劳动收入份额对经济发展主要为负面影响研究发现，以及劳动收入份额对企业全要素生产率不同方向的影响（见图6-1），提出以下假设：

H5：在其他条件不变时，劳动收入份额提升和企业全要素生产率呈"U"形关系，但成本效应占主导。

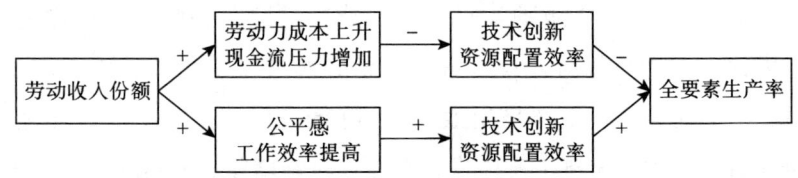

图6-1 劳动收入份额影响企业全要素生产率的路径

6.1.2 高管—员工薪酬差距与全要素生产率

解释高管—员工薪酬差距效率问题存在两种对立性的理论：锦标赛理论与行为理论。锦标赛理论由 Lazear 和 Rosen（1981）首次提出，后经 Rosen（1986）进一步扩展。该理论认为，公司传统的委托代理关系中，"天价薪酬"是股东基于低成本监督和高薪酬激励需要所致。较高的薪酬差距能激励某一层级和更低层级的员工为高额薪酬和职位而努力,有利于企业业绩和价值提升(Lazear等,1981;Rajgopal和Srinivasan,2006);行为理论被广泛地用来解释个体对薪酬反应,它包括公平理论以及相对剥削理论。其中,公平理论强调薪酬的平等性,其关注相似参照对象投入产出的比较,比如公司员工通过自身的收支比率进行历史比较和社会比较,如果收支比率相等,则认为感受到了心理平衡和公平,就会工作努力积极;否则会产生挫败感、愤恨感甚至破坏心理(Adams,1965)。相对于公平理论,剥削理论更注重组织内部不同层级的比较,由于投入不易观察,人们往往会高估自己的投入、低估其他人的投入,而且只将薪酬作为比较对象,即使薪酬差异来源于不同的生产率,也可能认为分配没有做到公平与公正,招致不满(Pfeffer等,1993;Wade等,2006)。在这种情况下,人们往往通过调整其对投入或产出的感知来缓解不公平感导致的紧张感(Cowherd和Levine,1992)。薪酬差距过大会因丧失公平性,挫伤员工工作积极性和努力程度,进而有损企业价值提升(Min等,1993)。

从驱动全要素生产率的核心要素来说,锦标赛理论认为,较大的薪酬差距产生激励作用,促进企业创新产出,提高了企业的创新效率,进而促进企业业绩的提升(孔东民等,2017;Jia等,2016)。同时,薪酬差距拉大会降低企业的股东与管理层之间的代理冲突和监督成本,提高企业的生产效率(巩娜和刘清源,2015;钱明辉等,2017)。具体表现在,薪酬差距拉大能提高企业投资效率(Burns等,2017)和企业生产效率,尤其当员工的技术水平越高时,激励效果越显著(Mahy等,2011)。此外,不少研究还从资本结构调整速度(盛明泉和戚昊辰,2014)、战略变革(邵剑兵和李威，2017)、过度投资（熊婷和程博，2017)、提高人力资本质量（Gerhart和Rynes，2003)、提高劳动生产率（杨竹清和陆松开，2018）等方面验证了薪酬差距的正面激励作用。因此，依据锦标赛理论，高管与员工薪酬差距拉大产生的激励作用会促使全要素生产率提升。

从比较理论的角度出发，过大的薪酬差距会使人产生挫败感、愤恨感、被动感甚至产生破坏心理（Adams，1965），基于比较理论，不少研究支持薪酬公平对企业造成的积极影响。郎香香和张朦朦（2021）研究发现，不同于企业的日常经营，创新活动具有高风险、高投入、长周期及收益不确定性等特征，这需要员工对组织文化的高度认同和强烈的归属感（江伟等，2018）。扁平的薪酬体系结构能够促进企业内部成员平等交流，增进团队的合作精神（陈冬华等，2015），进一步增强员工对企业的认同感和归属感，激发员工参与创新的积极性和创新绩效（Samra等，2019），缩小薪酬差距、提高高管与员工薪酬变化的同步性能够产生持续的凝聚力，增进员工满意度，提高生产效率（缪毅等，2016）以及企业财务绩效和企业价值（Akerlof，1988；陈冬华等，2015）。尤其是当企业处于危机时，较小的薪酬差距能增强员工与高管共同进退、同舟共济的安全感，这种心理安全可以保障员工在企业危机时作出对企业有利的举措（Barsade和Knight，2015；Lengnick和Hall等，2011）。相反，高管薪酬差距会激发高管的机会主义行为，比如，提高盈余管理程度（张泽南等，2014；杨志强等，2014）。因此，基于当前我国在高质量发展过程中推进共同富裕的宏观背景和以上分析（见图6-2），提出以下假设：

H6：在其他条件不变时，高管—员工薪酬差距与全要素生产率呈倒"U"形关系,但公平效应占主导。

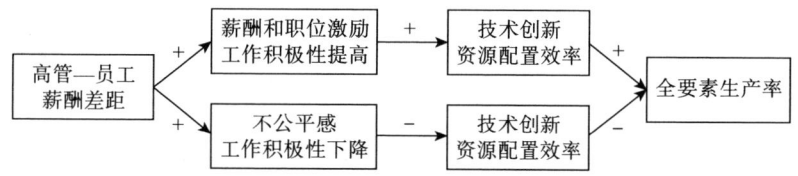

图 6-2　高管—员工薪酬差距影响企业全要素生产率的路径

6.1.3　新型政商关系、企业内部收入分配与全要素生产率

从劳资分配关系来看,新型政商可能会缓解企业内部收入分配对全要素生产率的负面影响。在收入分配政策逐渐转变为"更加注重公平"的前提下,社会公平已经成为各级政府施政的重要内容(雷宇和郭剑花,2012)。政府出于扶持民营企业健康成长等公共利益考虑,不仅会通过构建信用评级等公共服务平台缓解企业与外部投资者之间的信息不对称,降低企业融资成本,并且在企业与国有商业银行沟通过程中积极协调与服务,提高企业的信贷融资效率,还会对优秀的企业提高政府补贴、税收优惠等以缓解企业融资约束(管考磊,2019),从而缓解劳动收入份额上升造成的资金压力;同时,通过政企信息沟通(如企业家参政议政)缓解企业对政策的误判,减少决策失误,提高资金的使用效率和预期收益,有利于全要素生产率提升。

从高管—员工收入分配关系来看,新型政商可能会加剧高管—员工薪酬差距与全要素生产率的负面关系。制度的完善在于促进社会的公平正义,最终的公平都会落在经济,即财富公平之上(包霄林，1994）。经济公平的基本内涵是实现以按劳分配为基础的合理收入分配。在当前我国持续深化收入分配改革和促进共同富裕的背景下，新型政商关系的构建能够通过促进企业高质量发展，进而促进企业利益共享（"效率"促"公平"）；同时，通过利益共享促效率（"公平"促"效率"）。因此，新型政商关系下，政府会站在公共利益的角度处理和企业的关系，促进员工对社会公平、正义的认同感，增进对不公平的厌恶感，进而提高全要素生产率。因此，基于以上分析，提出以下假设：

H7：在其他条件不变时，新型政商关系会缓解劳动收入份额对企业全要素生产率的负面作用。

H8：在其他条件不变时，新型政商关系会加剧企业高管—员工薪酬差距对全要素生产率的负面作用。

6.2 研究设计

6.2.1 样本选择与数据来源

基于新型政商关系数据的可得性，本章选取2017—2020年沪深两市A股的民营上市公司作为研究观测样本，并剔除了以下特殊样本：金融类公司、上市少于两年的公司、被ST的公司、数据缺失的公司。经过剔除后最终得到4082个公司—年度观测值。本章涉及的主要变量数据均来源于CSMAR数据库以及"中国城市政商关系排行榜（2017—2020年）"。为控制异常值影响结论的可靠性，对所有连续变量进行了上下1%的缩尾处理。

6.2.2 变量定义与模型设定

本章构建如下回归模型对假设进行检验：

$$TFP_{i,t} = \alpha_0 + \alpha_1 LS_{i,t}/Gap_{i,t} + \sum_k \gamma_k Control + \sum Year + \sum Industry + \varepsilon_{i,t} \tag{6-1}$$

其中，i 表示各企业；t 对应各年份。

(1) 被解释变量：全要素生产率

参照鲁晓东和连玉君（2012）的研究，全要素生产率采用以下模型进行估计：

$$lnY_{it} = \alpha lnL_{it} + \beta lnK_{it} + \mu_{it} \tag{6-2}$$

其中，Y_{it} 代表产出水平，以企业主营业务收入来衡量；L_{it} 和 K_{it} 分别表示资本和劳动投入，采用公司当年的员工数量和固定资产净值作为度量指标。为克服传统测量方法的估计偏差，本章采用基于半参数估计的 OP（Olley-Pake）法进行全要素生产率测度，记为 TFP。具体而言，公司产出运用营业收入的自然对数衡量；劳动力投入采用员工总人数（规模）的对数衡量；资本投入利用公司购买固定资产和无形资产支付现金的对数衡量；中间品的投入采用公司购买商品、接受劳务等实际支付现金的对数来衡量。

(2) 解释变量

劳动收入份额和高管—员工的薪酬差距。劳动收入份额的度量方法已在第4章做了说明。本章继续采用要素增加值法，其中：

$$劳动收入份额 = \frac{支付给职工的工资以及为职工支付的现金}{营业收入 - 营业成本 + 固定资产折旧 + 支付给职工以及为职工支付的现金}$$

高管—员工薪酬差距的度量方法已在第5章做了说明。本章继续采用管理层平均薪酬（AMP）和普通员工平均薪酬（AEP）的比值来衡量管理层与普通员工之间的收入差距。其中：

$$管理层平均薪酬 = \frac{管理层年薪总额}{管理层人数 - 独立董事人数 - 未领取薪酬的管理层人数}$$

$$普通员工平均薪酬 = \frac{支付给职工以及为职工支付的现金 - 管理层年薪总额}{员工总人数 - 管理层人数}$$

与美国不同，我国上市公司的股权支付覆盖范围支付规模和支付比例目前还较少。因而研究中未将股权支付部分纳入薪酬考虑，但考虑到对企业的产生会造成影响，在模型（6-1）中控制了管理层持股比例。

（3）调节变量

利用聂辉华（2018，2019，2020，2021）等构建的涵盖我国285个城市的2017—2020年的城市新型政商关系指数。其中，政商关系总指数（Gbr）由亲近指数（Close）和清白指数（Clear）组成。该指数用来衡量城市新型政商关系总体程度。亲近指数由政府关心、政府服务、企业税费负担组成；清白指数由政府廉洁度和透明度组成。该指数对所有指标进行了正向化、标准化和正常化处理，指标的分值均位于0—100分。本章按照年份中位数对政商关系总指数进行分组。另外，本章考察了环境不确定性与内部控制对收入分配与企业全要素生产率的调节效应。其中，环境不确定性采用企业过去5年经行业调整后销售收入的标准差来度量；内部控制质量采用迪博内部控制指数。

(4) 控制变量

参考赵国宇和禹薇 (2019)、姜付秀等 (2019) 的研究,选取企业规模 (Size)、资产负债率 (Lev)、资产收益率 (Roa)、成长性 (Growth)、两职合一 (Dual)、独董比例 (Indep)、董事会规模 (Board)、股权制衡度 (Balance)、审计质量 (Big4)、机构持股 (Inst)、管理层持股 (Mshare) 上市年限 (Listage)、市场化程度 (Index) 等作为控制变量。

变量具体定义见表 6-1。

表 6-1　　　　　　　　　变量定义

类别	名称	符号	定义
被解释变量	全要素生产率	TFP	参考鲁晓东和连玉君 (2012) 的做法,采用 C-D 生产函数法计算残值得到上市公司全要素生产率的估计值 (TFP_OP)
解释变量	劳动收入份额	LS	劳动收入份额 = 支付给职工以及为职工支付的现金/ (营业收入 - 营业成本 + 固定资产折旧 + 支付给职工以及为职工支付的现金)
	高管—员工薪酬差距	Gap	管理层平均薪酬/普通员工平均薪酬
调节变量	新型政商关系	Gbr	政商关系健康指数
		Close	政商关系亲近指数
		Clear	政商关系清白指数
	政策不确定性	Eu	借鉴申慧慧等 (2012) 的研究,选取企业过去 5 年经行业调整后销售收入的标准差来衡量环境不确定性
	内部控制质量	Ic	迪博内部控制指数

续表

类别	名称	符号	定义
控制变量	企业规模	Size	公司总资产的自然对数
	资产负债率	Lev	期末负债/（期初总资产+期末总资产）/2
	资产收益率	Roa	净利润/（期初总资产+期末总资产）/2
	成长性	Growth	当年营业收入/（当年营业收入-上年营业收入）
	两职合一	Dual	总经理和董事长两职合一时取1；否则取0
	独董比例	Indep	独立董事占比
	董事会规模	Board	董事会人数
	股权制衡度	Balance	第一大股东持股比例/第二至第五大股东持股比例之和
	审计质量	Big4	是否为国际"四大"事务所
	机构持股	Inst	机构投资者持股比例
	管理层持股	Mshare	管理层持股比例
	上市年限	Listage	ln（当年年份-上市年份+1）
	市场化程度	Index	根据樊钢市场化进程数据得出
	年度	Year	虚拟变量，依据样本所在年份设定
	行业	Industry	根据2012年修订的《上市公司行业分类指引》制造业细化到二级分类，其他为一级分类

6.3 实证结果分析

6.3.1 描述统计分析

表6-2列示了主要变量的描述性统计结果。从均值的分布来

看,全要素生产率指标(TFP)的均值为 6.700,这与以往关于中国上市公司全要素生产率的研究发现较为接近(杨竹清和陆松开,2018)。劳动收入份额(LS)的均值为 0.145,标准差为 0.095,一方面说明样本间的劳动收入份额差异较大,同时也表明我国民营上市公司的劳动收入份额较低,这和部分研究的统计结果接近(肖士盛等,2022);薪酬差距(Gap)的均值为 5.012,标准差为 2.925,最大值为 12.69;另一方面说明民营上市公司的高管与员工之间薪酬差距较大,同时也表明我国民营上市公司样本间差异较大,这和部分研究的统计结果接近(孔东民等,2017)。同样,政商关系总指数均值为 0.600、标准差分别为 0.225;亲近指数以及清白指数的均值分别为 0.495、0.701,标准差分别为 0.244、0.170。这说明不同省份区域的新型政商关系程度差异也较大,这有助于我们进一步研究。

表 6–2　　　　　　　描述性统计结果

变量	样本量	均值	标准差	最小值	中位数	最大值
TFP	4082	6.700	0.782	4.255	6.619	10.58
LS	4082	0.145	0.095	0.010	0.125	0.598
Gap	4082	5.012	2.925	1.685	4.141	12.69
Gbr	4082	0.600	0.225	0	0.580	1
Close	4082	0.495	0.244	0	0.458	1
Clear	4082	0.701	0.170	0.040	0.742	1
Size	4082	22.16	1.056	20.11	22.07	24.82
Lev	4082	0.395	0.176	0.068	0.394	0.743
Roa	4082	0.034	0.077	−0.297	0.041	0.137
Growth	4082	0.132	0.262	−0.513	0.110	0.726
Indep	4082	0.378	0.050	0.333	0.364	0.500

续表

变量	样本量	均值	标准差	最小值	中位数	最大值
Balance	4082	0.893	0.644	0.012	0.730	4
Board	4082	2.082	0.184	1.609	2.197	2.398
Dual	4082	0.366	0.482	0	0	1
Big4	4082	0.035	0.185	0	0	1
Inst	4082	0.332	0.230	0	0.306	3.267
Mshare	4082	0.180	0.184	0	0.116	0.524
Listage	4082	2.177	0.653	0.693	2.197	3.219
Index	4082	9.402	1.734	-1.420	10.00	11.94

6.3.2 多元回归分析

（1）收入分配与企业全要素生产率

为考察企业内部收入分配对全要素生产率的影响，以下分别从劳动收入份额和高管—员工薪酬差距两个视角考察其对全要素生产率的影响。将反映企业高质量发展的全要素生产率（TFP）作为被解释变量对劳动收入份额和高管—员工薪酬差距进行回归，结果如表6-3所示。从劳资关系的考察结果来看，二次项（LS^2）的系数为10.726，在1%的显著性水平上显著；在一次项的检验中，LS的系数为-3.883，也在1%的显著性水平上显著。劳动收入份额与全要素生产率呈"U"形关系，但"成本效应"占主导作用。在曲线的拐点之前，"成本效应"主要发挥作用，曲线的拐点之后，劳动收入份额上升能够发挥"激励效应"，促进全要素生产率上升。该结论也从另一个视角反映了随着劳动力技能水平的提高，劳动力的"成本效应"向"激励效应"转变。

表 6-3　　收入分配影响企业全要素生产率的基准检验

变量	(1)	(2)	(3)	(4)
	劳动收入份额		高管与员工薪酬差距	
	TFP			
LS	-3.883***	-8.670***		
	(-21.76)	(-22.67)		
LS²		10.726***		
		(14.65)		
Gap			-0.020***	-0.011**
			(-5.02)	(-1.98)
Gap²				-0.001**
				(-2.24)
Size	0.358***	0.339***	0.436***	0.436***
	(26.48)	(26.40)	(25.22)	(40.85)
Lev	0.255***	0.177***	0.511***	0.509***
	(3.69)	(2.67)	(6.04)	(8.94)
Roa	0.571***	0.558***	1.126***	1.137***
	(4.14)	(4.27)	(6.49)	(9.02)
Growth	0.205***	0.114***	0.399***	0.398***
	(5.78)	(3.27)	(8.99)	(11.51)
Indep	0.081	0.019	-0.367	-0.371*
	(0.34)	(0.09)	(-1.24)	(-1.72)
Balance	0.032**	0.036***	0.021	0.022*
	(2.28)	(2.79)	(1.29)	(1.70)
Board	-0.089	-0.119*	-0.171**	-0.174***
	(-1.38)	(-1.93)	(-2.08)	(-2.90)
Dual	-0.007	-0.000	-0.030	-0.032*
	(-0.34)	(-0.01)	(-1.29)	(-1.88)

续表

变量	(1)	(2)	(2)	(4)
	劳动收入份额		高管与员工薪酬差距	
	TFP			
Big4	0.188***	0.214***	0.092	0.081*
	(3.73)	(4.41)	(1.35)	(1.78)
Inst	0.151***	0.172***	0.061	0.059
	(3.13)	(3.73)	(1.09)	(1.37)
Mshare	0.048	0.101*	-0.068	-0.069
	(0.79)	(1.73)	(-0.93)	(-1.20)
Listage	0.022	0.019	0.028	0.028*
	(1.22)	(1.18)	(1.23)	(1.79)
Index	0.039***	0.043***	0.035***	0.035***
	(6.40)	(7.71)	(4.80)	(7.16)
Constant	-1.519***	-0.612*	-3.362***	-3.377***
	(-4.47)	(-1.85)	(-7.98)	(-11.94)
Industry & year	控制	控制	控制	控制
N	4082	4082	4082	4082
Adj_R^2	0.727	0.764	0.587	0.587

注：*、**、*** 分别表示在10%、5%、1%水平上显著；括号内为 t 值。

从高管—员工薪酬差距考察结果来看，如表 6-3 列（3）、列（4）所示，二次项（Gap^2）的系数为 -0.001，在 1% 的显著性水平上显著；在一次项的检验中，Gap 的系数为 -0.020，在 5% 的显著性水平上显著。薪酬差距与全要素生产率呈倒"U"形关系，但"公平效应"占主导作用。在曲线的拐点之前，"激励效应"发挥主要作用，而在曲线的拐点之后，高管—员工薪酬差距的持续拉大使员工的不公平感大于"激励效应"，从而导致全要素生产率下降。

控制变量的检验结果显示，公司规模（Size）与全要素生产率（TFP）呈正相关关系，这源于公司的规模效应形成的融资能力会促进企业创新能力提升，进而促进全要素生产率提升；盈利能力（Roa）与企业全要素生产率呈正相关关系，这也符合事实。资产负债率（lev）与全要素生产率也呈正相关关系，这源于负债产生的偿债压力会倒逼企业提高生产效率。高审计质量（Big4）能通过缓解投资者与管理层之间的信息不对称，提高企业的融资能力，进而提高企业的创新能力和全要素生产率。此外，市场化进程（Index）与全要素生产率提高，这说明市场化进程的加快，能通过强化产品的市场化竞争，倒逼企业加大研发创新力度，进而促进生产效率提高。

（2）新型政商关系在收入分配与企业全要素生产率中的调节效应

本章在理论分析部分阐述了新型政商关系在收入分配影响企业全要素生产率中可能存在正向和负向调节效应，但这种推断是否成立，还需要进一步的实证检验。以下将新型政商关系以年度中位数分为高组（H_Gbr）和低组（L_Gbr），计算新型政商关系与劳动收入份额、薪酬差距的交乘项 LS×Gbr 与 GAP×Gbr，并引入一次项模型，回归结果如表6-4列（1）所示，新型政商关系与劳动收入份额的交乘项 LS×Gbr 系数为0.098，显著为正，考虑到劳动收入份额与全要素生产率的主效应为负。当交乘项系数为正时，说明新型政商关系能够通过资源效应缓解劳动收入份额对全要素生产率的负面作用。如表6-4列（2）所示，新型政商关系与高管—员工薪酬差距的交乘项 GAP×Gbr 系数为-0.100，显著为负，考虑薪酬差距与全要素生产率的主效应为负。当交乘项系数为正时，说明新型政商关系通过影响企业员工对社会公平、正义的认同感，增进对不公平的厌恶感，加剧了高管—薪酬差距对全要素生产率的负面作用，符合基本假设的推断。

表6-4 新型政商关系在收入分配影响企业全要素生产率中的调节效应

变量	(1)	(2)	(3)	(4)	(5)	(6)
	政商关系总指数		亲近指数		清白指数	
	TFP					
LS × Gbr	0.098***					
	(2.64)					
LS	-0.598***		-0.591***		-0.586***	
	(-19.06)		(-18.66)		(-19.26)	
Gbr	0.038	0.128***				
	(1.19)	(4.14)				
Gap × Gbr		-0.100**				
		(-2.49)				
Gap		-0.042		-0.050		-0.062**
		(-1.35)		(-1.63)		(-2.01)
LS × Close			0.085**			
			(2.27)			
Close			0.057*	0.138***		
			(1.76)	(4.40)		
Gap × Close				-0.086**		
				(-2.16)		
LS × Clear					0.081**	
					(2.20)	
Clear					0.026	0.088***
					(0.87)	(2.92)

续表

变量	(1)	(2)	(3)	(4)	(5)	(6)
	政商关系总指数		亲近指数		清白指数	
	TFP					
Gap × Clear						−0.059
						(−1.46)
Size	0.376***	0.433***	0.376***	0.433***	0.376***	0.430***
	(26.67)	(26.00)	(26.73)	(26.01)	(26.61)	(25.88)
Lev	0.315***	0.530***	0.309***	0.524***	0.323***	0.537***
	(4.29)	(6.20)	(4.21)	(6.12)	(4.41)	(6.27)
Roa	0.862***	1.157***	0.859***	1.152***	0.867***	1.151***
	(5.75)	(6.63)	(5.73)	(6.58)	(5.78)	(6.63)
Growth	0.267***	0.388***	0.268***	0.389***	0.266***	0.387***
	(6.96)	(8.79)	(7.01)	(8.82)	(6.93)	(8.72)
Indep	−0.134	−0.446	−0.145	−0.467	−0.079	−0.404
	(−0.52)	(−1.50)	(−0.57)	(−1.58)	(−0.31)	(−1.35)
Balance	0.033**	0.025	0.033**	0.026	0.033**	0.025
	(2.29)	(1.51)	(2.30)	(1.54)	(2.28)	(1.46)
Board	−0.121*	−0.182**	−0.121*	−0.183**	−0.120*	−0.180**
	(−1.70)	(−2.23)	(−1.69)	(−2.24)	(−1.68)	(−2.20)
Dual	−0.032	−0.033	−0.032	−0.034	−0.030	−0.030
	(−1.55)	(−1.39)	(−1.57)	(−1.43)	(−1.46)	(−1.30)
Inst	0.158***	0.099*	0.159***	0.099*	0.160***	0.098*
	(3.51)	(1.92)	(3.53)	(1.93)	(3.54)	(1.91)
Listage	0.005	0.027	0.008	0.029	0.000	0.023
	(0.26)	(1.25)	(0.43)	(1.37)	(0.03)	(1.07)
Constant	−1.712***	−3.148***	−1.721***	−3.134***	−1.738***	−3.090***
	(−4.89)	(−7.67)	(−4.92)	(−7.63)	(−4.94)	(−7.53)
Industry & year	控制	控制	控制	控制	控制	控制
N	4082	4082	4082	4082	4082	4082
Adj_R²	0.687	0.583	0.688	0.584	0.686	0.581

注：*、**、***分别表示在10%、5%、1%水平上显著；括号内为t值。

本章进一步构建亲近指数、清白指数与劳动收入份额、高管—员工薪酬差距的交互项。劳动收入份额与两个指数的交乘项系数显著为正；高管—员工薪酬差距与新型政商关系的亲近指数的交乘项系数显著为负，从中可以看出，分项检验的结果和新型政商关系的总指数检验结果基本相符。

6.3.3 稳健性与内生性检验

为了进一步验证上述结论的可靠性，本章从排除其他可能性解释、替换核心自变量、两阶段最小二乘法（2SLS）等多个维度进行稳健性和内生性检验。

(1) 控制行业—时间的交互效应

尽管在基准回归中对行业和年份的固定效应分别进行了控制，但仍然无法排除由于行业周期性特征差异引起的效率变化。例如，企业全要素生产率可能是某行业发生了整体的技术变革和市场周期性波动导致的。为了排除上述可能性解释，本章在回归模型中加入行业—时间交互固定效应。结果如表6-5中Panel A列（1）、列（2）所示，从中可以发现，在控制了行业—时间交互固定效应后，回归结果与基准检验一致。

(2) 替换核心自变量

为了排除因度量误差导致的内生性问题，本章替换了劳动收入份额与高管—员工薪酬差距的度量方法，参考王雄元和黄玉菁（2017）、施新政等（2019）的研究，采用营业收入法计算劳动收入份额。高管—员工薪酬差距为管理层平均薪酬与普通员工平均薪酬的比值。替换核心自变量后的检验结果如表6-5中Panel A列

(3)、列（4）所示，从列（3）可以看出，劳动收入份额（LS）二次项的系数显著为正，表明劳动收入份额与全要素生产率呈现"U"形关系。同样，从列（4）可以看出，高管—员工薪酬差距（Gap）二次项的系数显著为负，表明高管—员工薪酬差距与全要素生产率呈现倒"U"形关系。以上均与基准回归结果一致，验证了结果的稳健性。

（3）两阶段最小二乘法

尽管之前已经发现劳动收入份额、高管—员工薪酬差距分别与企业全要素生产率之间存在"U"形和倒"U"形关系，但其因果关系尚需进一步识别。一方面，劳动者收入份额分别通过"成本效应"和"激励效应"双重效应对企业全要素生产率产生先负向后正向的影响，但企业劳动收入份额也可能随着企业生产效率的变动而变动，产生反向因果关系。另一方面，高管—员工薪酬差距分别通过"激励效应"和"公平效应"两种作用对企业全要素生产率产生先正向后负向的影响，但企业生产效率的变动也可能会改变企业高管与员工之间的收入分配差异，从而导致反向因果关系。例如，企业全要素生产率越高，则企业增值额越高，从而导致劳动者薪酬与企业增值额非同步变化使劳动收入份额变动，或导致高管薪酬—员工薪酬非同步变化使高管薪酬—员工薪酬差距变动。

另外，某些同时影响劳动者收入份额、高管—员工薪酬差距与全要素生产率的遗漏变量，如不同层次的人才流动等，可能导致劳动收入份额、高管—员工薪酬差距与全要素生产率形成虚假的因果关系。为此，本章运用工具变量法处理内生性问题。根据工具变量需要满足与内生变量相关，且不随随机扰动项变动的要求。借鉴Draca等（2011）的研究，引入省级最低工资标准作为工具变量，最低工资政策一般由当地政府统一制度，不大受企业工资水平的影响（Gan 等，2016），符合工具变量以及相关性和外生性的双重标准。本章采用两阶段最小二乘法（2SLS），先分离出劳动收入份额和高管—员工薪酬差距的度量指标；然后分离出以上两个变量对企业全要素生产率的影响。检验结果如表6-5中Panel B所示，从列（1）、列（2）劳动收入份额的检验可以看出，第一步工具变量（Minage）的系数显著为正，表明工具变量与劳动收入份额正相关。第二步回归中，劳动收入份额的系数显著为负。通过对工具变量选择的合理性进行检验后发现，F检验大于10，说明工具变量满足相关性要求；Hausman 检验等于0.000，说明工具变量也满足外生性要求。同样，从列（3）、列（4）的检验可以看出，第一步工具变量（Minage）的系数显著为正，表明工具变量与高管—员工薪酬差距负相关。第二步回归中，高管—员工薪酬的系数显著为负。F检验大于10，说明工具变量满足相关性要求；Hausman 检验等于0.070，说明工具变量也满足外生性要求。以上均与基准回归结果一致，验证了结果的稳健性。

表6-5　　　　　　　　　内生性与稳健性检验

变量	(1)	(2)	(3)	(4)
	Panel A			
	劳动收入份额	高管—员工薪酬差距	劳动收入份额	高管—员工薪酬差距
	排除行业周期性		替换核心自变量	
LS	-8.724***		-8.914***	
	(-35.87)		(-35.92)	
LS^2	10.861***		11.354***	
	(23.07)		(23.38)	

续表

变量	(1)	(2)	(3)	(4)
	Panel A			
	劳动收入份额	高管—员工薪酬差距	劳动收入份额	高管—员工薪酬差距
	排除行业周期性		替换核心自变量	
Gap		-0.012**		-0.008
		(-2.19)		(-1.12)
Gap^2		-0.001**		-0.001*
		(-2.14)		(-1.68)
Controls	控制	控制	控制	控制
Industry & Year	控制	控制	控制	控制
N	4079	4075	4082	4082
Adj_R^2	0.772	0.592	0.773	0.585
	Panel B 两阶段最小二乘法(2SLS)			
变量	劳动收入份额		高管—员工薪酬差距	
	第一阶段	第二阶段	第一阶段	第二阶段
IV	0.000***			
	(3.32)			
LS		-3.460***		
		(-4.19)	-0.000	
Gap			(-3.06)	-0.154**
				(-2.47)
Controls	控制	控制	控制	控制
Industry & Year	控制	控制	控制	控制
F检验	27.3907		18.8949	
Hausman	0.000***		0.070*	
N	4082	4082	4082	4082
Adj_R^2	0.338	0.571	0.183	0.582

注：***、**、*分别表示在1%、5%、10%的水平上显著。为节省篇幅，控制变量的系数未报告。

6.4 异质性分析

整体而言，企业内部收入分配会对全要素生产率产生影响，但因企业所处的环境、个体特征差异而影响不同。本章从环境不确定性、内部控制质量两个方面进行分析。

6.4.1 环境不确定性

从劳资分配关系来讲，随着政府频繁地制定和实施经济政策，不确定性已成为企业面临的常态环境。资源依赖理论认为，企业依赖于外部环境的权变因素，环境要素对管理决策影响巨大。不确定性风险会使企业债务违约和股票风险溢价上升，导致债务融资和股权融资成本上升，融资规模萎缩（Bradley 等，2016；于传荣和方军雄，2016），处于风险规避企业还会增加现金持有以维持企业资金流动性（王红建等，2014）。所以，风险环境下，企业很可能面临融资困难、现金流短缺、存货增多等问题，如果再面临劳动成本上升将会进一步恶化企业经营环境，从而影响企业发展战略。已有研究发现，经济政策不确定性会导致企业的研发投资不足（Gulen 和 Ion，2016；Bhattacharya 等，2017；王全景，2018）。基于以上分析，环境不确定性会加剧劳动收入份额对全要素生产率的负面作用。

从高管—员工收入分配关系来讲，根据实物期权理论，政策不确定性的增加，会导致公司治理环境的信息不对称性和未来的

"不可预期性",预测对象有关的信息波动程度与模糊度都会增加(Carson 等,2006),从而导致企业选择未来更好投资机会的期权价值逐渐增大。这会促使企业放弃目前的投资项目并选择延迟投资。诸多研究发现,经济政策抑制了企业投资行为(饶品贵等,2017;刘贯春等,2020)或导致企业退出市场。投资行为的抑制和企业退出市场将进一步降低员工就业率(谢廷宇和张玲瑜,2020)。劳动者面临的劳动市场环境发生变化,会影响劳动者的工作积极性和离职情况等。就业率降低有助于提高劳动者对薪酬差异的接受度,提高工作满意度、积极性和创造力,从而缓解高管—员工薪酬差距对全要素生产率的负面作用。基于以上分析,环境不确定性会缓解高管—员工薪酬差距对全要素生产率的负面作用。

借鉴申慧慧等(2012)的研究方法,依据外部环境不确定性最终可能影响企业核心业务波动的逻辑,选取企业过去五年、经行业数据调整过的营业收入的标准差作为度量环境不确定性的代理变量,并依据行业—年度中位数划分为高风险组(H_EU)和低风险组(L_EU),计算环境不确定性与劳动收入份额、薪酬差距的交乘项 LS×EU 与 GAP×EU,并引入一次项模型,回归结果如表 6-6 列(1)、列(2)所示。环境不确定性与劳动收入份额的交乘项 LS×EU 系数为 -0.114,显著为负,考虑到劳动收入份额与全要素生产率的主效应为负。当交乘项系数为负时,说明环境不确定性加剧了劳动收入份额对全要素生产率的负面作用。这意味着政策不确定性上升导致的资源约束会加剧劳资分配对全要素生产率的负面作用。环境不确定性与薪酬差距的交乘项 Gap×EU 系数为 0.087,显著为正。考虑到薪酬差距与全要素生产率的主效应为负,当交乘项系数为正时,说明环境不确定性对上述两种关系具有缓解作用。

企业环境不确定性造成的经济萎缩，会加剧劳动力就业难度，提高员工对内部薪酬差距的承受度，缓解薪酬差距对全要素生产率的负面作用。

6.4.2 内部控制

从劳资分配关系来讲，企业持续发展的根本是有效的内部控制（杨雄胜，2005）。高质量的内部控制通过较完善的风险评估、对外担保审议程序和授权审批等控制活动，能够有效降低公司财务信息披露的可靠性风险，在降低公司利益相关者对企业风险评估结果的同时，也能降低公司的融资约束程度，进而提高外部融资能力（金玉娜和张志平，2014）。内部控制"信息与沟通"的制度安排也能降低企业与外部的信息不对称，避免因信息不对称导致的低信用配给行为（郑军等，2013）。因此，从融资能力的角度讲，高质量的内部控制能够改善劳动收入份额上升产生的劳动力成本压力，加剧劳动收入份额上升对全要素生产率的负面作用。

从高管—员工的分配关系来讲，自 2002 年《萨班斯—奥克斯利法案》颁发以后，我国政府也一直致力于推进企业内部控制的实施和完善。其中，2008 年财政部等五部门联合发布的《企业内部控制基本规范》，明确指出企业应当建立内部控制实施的激励约束机制。2010 年《企业内部控制应用指引第 3 号——人力资源》进一步明确要求企业合理制定人力资源管理制度，加强员工考核与激励，制定与业绩考核挂钩的薪酬制度。由此可见，合理制定公司内部的薪酬分配制度也是内部控制建设的重要内容之一。有效的内部控制作为一种战略优化实施管理工具，可以帮助企业在战略中充分融入员工权益保护等社会责任的核心理念。同时,企业会将上述目标作为风险管控的环节嵌入具体的风险控制制度中,通过一系列严密的制度安排,形成各平等利益主体之间的相互制衡及各科层权力主体自上而下的监督,促进企业劳动者权益平等地实现(李伟和滕云,2015)。雷宇和郭剑花(2017)将高管薪酬黏性与员工薪酬黏性差异大小作为企业内部薪酬分配规则公平的度量,高管薪酬黏性与员工薪酬黏性差异越大,不公平现象越严重,而规则公平有助于提高员工效率。已有研究发现,有效的内部控制能够降低高管薪酬黏性、提高薪酬业绩敏感性(罗莉和胡耀丹,2015)。基于以上分析,高质量的内部控制能够强化员工对企业内部规则公平的认可度,从而弱化高管—员工薪酬差距对全要素生产率的负面作用。

本章采用迪博内部控制指数作为内部控制质量的代理变量,并按照行业—年度中位数将内部控制划分为高内部控制组(H_IC)和低内部控制组(L_IC),计算内部控制与劳动收入份额、薪酬差距的交乘项 $LS \times IC$ 与 $Gap \times IC$,并引入一次项模型,回归结果见表6-6列(3)、列(4)。内部控制与劳动收入份额的交乘项 $LS \times IC$ 系数为 -0.084,显著为负,考虑到劳动收入份额与全要素生产率的主效应为负,当交乘项系数为负时,说明内部控制加剧了劳动收入份额对全要素生产率的负面作用。这意味着内部控制对于企业劳动支付是一种成本理念,通过节约劳动成本提高业绩,并非人力资本理念。内部控制与薪酬差距的交乘项 $Gap \times IC$ 系数为 0.054,显著为正。考虑到薪酬差距与全要素生产率的主效应为负,当交乘项系数为正时,说明内部控制对上述两种关系具有缓解作用。企业内部控制的制度健全会提高员工对内部薪酬管理制度"规则公平"的信任感,缓解薪酬差距对全要素生产率的负面作用。

表6-6　　　　　环境不确定性和内部控制的调节效应

变量	（1）政策不确定性 劳动收入份额	（2）政策不确定性 高管—员工薪酬差距	变量	（3）内部控制质量 劳动收入份额	（4）内部控制质量 高管—员工薪酬差距
LS×EU	-0.114*** (-2.95)		LS×IC	-0.084*** (-3.99)	
LS	-0.479*** (-17.04)		LS	-3.788*** (-16.89)	
EU	0.021 (0.70)	-0.039 (-1.04)	IC	0.049*** (2.58)	-0.028 (-1.14)
Gap×EU		0.087* (1.76)	Gap×IC		0.054** (2.16)
Gap		-0.183*** (-5.50)	Gap		-0.005 (-1.18)
Constant	-1.819*** (-4.67)	-1.712*** (-3.98)	Constant	-1.650*** (-4.32)	-4.111*** (-9.45)
Industry & year	控制	控制	Industry & year	控制	控制
N	3239	3239	N	3239	3239
Adj_R^2	0.686	0.198	Adj_R^2	0.727	0.651

注：括号内是经稳健性调整的 t 值。***、**和*分别表示在1%、5%和10%的水平上显著。

6.5　本章小结

（1）研究结论

在推动经济高质量发展促进共同富裕的宏观背景下，企业内部

第6章 新型政商关系在收入分配促进民营企业高质量发展中的调节效应

收入分配是否合理是影响企业实现高质量发展的重要因素。建立法治化基础上的平等、独立、合作的"亲清"新型政商关系重塑了企业、政府与社会的信息交流机制，在优化资源配置的同时必然影响劳动者对于"效率"与"公平"的认知，进而作用于企业产出效率。本章将"新型政商关系—企业内部收入分配—企业高质量发展"纳入同一个分析框架，研究企业内部收入分配影响企业全要素生产率的机理以及新型政商关系在以上两者之间的调节作用。探求如何通过企业内部公平分配促进企业效率的提高。

本章研究发现，劳动收入份额与全要素生产率由于"成本效应"和"激励效应"的交互作用，呈"U"形关系，但"成本效应"占主导作用。高管—员工薪酬差距与全要素生产率由于"激励效应"和"公平效应"的双重作用，呈倒"U"形关系，但"公平效应"占主导作用。上述结论在排除其他可能性解释、考虑变量度量误差以及反向因果关系等一系列稳健性与内生性检验后依然成立。新型政商关系给企业带来的资源效应会缓解劳动收入份额对全要素生产率的"成本效应"；同时，新型政商关系通过影响企业员工对社会公平、正义的认同感，增进对不公平的厌恶感，加剧了高管—薪酬差距对全要素生产率的负面作用。异质性分析表明，环境不确定性导致企业融资成本上升会加剧劳动收入份额对全要素生产率的"成本效应"；环境不确定性带来的就业压力会提高劳动者对薪酬差异的接受度，缓解高管—员工薪酬差距对全要素生产率的负面影响。内部控制加剧了劳动收入份额对全要素生产率的"成本效应"，内部控制对劳动者支付仍然基于一种成本理念，并非人力资本理念；而企业内部控制的完善会提高员工对内部薪酬管理制度"规则公平"的信任感，从而缓解高管—薪酬差距对全要素生产率的负面作用。

（2）政策启示

当前，我国正处于实现"两个一百年"奋斗目标的重要时期，如何在新的发展阶段贯彻新发展理念、构建新发展格局，核心在于通过创新发展和科技自立自强实现高质量发展，如何通过调动劳动者的积极性促进高质量发展成为当前面临的重大问题。本章从企业内部收入分配影响企业高质量发展这一视角，探索如何通过企业内部公平分配促进企业高质量发展。具有重要的政策启示意义。

首先，企业劳动收入份额对企业实现高质量发展具有显著的"U"形非线性影响，而"成本效应"占据主导地位，而建立在市场化、法治化基础上的新型政商关系带来的资源效应有助于缓解"成本效应"对全要素生产率产生的负面作用。这说明新型政商关系通过缓解民营企业劳资冲突，平衡企业内部不同群体间的利益矛盾，实现员工利益分享与企业高质量发展相协调的目标。

其次，在薪酬差距影响企业全要素生产率的倒"U"形关系中，新型政商关系通过影响企业员工对社会公平、正义的认同感，增进对不公平的厌恶感，加剧了高管—薪酬差距对全要素生产率的负面作用。因此，新型政商关系通过推动民营企业平衡企业内部不同群体间的利益矛盾，实现员工利益分享与企业高质量发展相协调的目标。因此，在我国出口受阻、投资拉动经济乏力、力求通过消费拉动内需的宏观背景下，应进一步推动新型政商关系的构建，纠正扭曲的政商关系，发挥新型政商关系对"公平"促"效率"的积极作用。

最后，新兴经济体政府通过经济政策改革及经济结构不断试错使经济政策不确定性上升，政策不确定性上升导致的资源约束会加剧劳资分配对全要素生产率的负面作用，而新型政商关系能够通过资源效应弱化上述影响。这对政府在多变的外部环境中，通过优化营商环境，提高企业的收入公平分配的激励作用具有重要的政策借鉴意义。内部控制加剧了劳动收入份额对全要素生产率的"成本效应"；而企业内部控制的制度健全会提高员工对内部薪酬管理制度"规则公平"的信任感。因此，在通过收入分配公平促进企业高质量发展的过程中，应积极强化内部控制，转变内控思想，通过内部制度建设强化"公平"促"效率"的积极作用。

第 7 章

研究结论、政策启示及展望

7.1 主要研究结论

借助聂辉华等（2017—2020）构建的涵盖中国 285 个城市新型政商关系量化指数，将"新型政商关系→民营企业业绩（做大'蛋糕'）→企业内部收入分配（分好'蛋糕'）→全要素生产率（高质量发展）"纳入同一个分析框架，研究新型政商关系如何促进民营企业收入分配公平及企业高质量发展。研究发现，新型政商关系不仅能够提升民营企业的财务绩效，还有助于促进民营企业收入分配的公平化，并进一步促进企业高质量发展。具体来说包括以下几点：

（1）"亲清"政商关系有利于提升企业业绩。该结论在经过排除其他可能性解释、变量度量误差以及遗漏变量等一系列稳健性与内生性检验后依然成立。新型政商关系通过促进企业财务资源、社会资本、信息资源、技术资源等企业发展的关键资源的获取，有效解决了民营企业的技术创新中的资源约束问题，从而促进企业业绩提升。异质性分析发现，新型政商关系促进企业业绩提升的作用在非政治关联企业、融资约束严重的企业更为显著，而多个大股东参与治理能够协同新型政商关系促进企业业绩提升。该研究从厘清政府与企业的边界，划清权力与资本界限的视角，分析了新型政商关系促进民营做大"蛋糕"的问题，这对我们进一步实现企业内部不同利益群体间的共同富裕具有重要的意义。

（2）新型政商关系通过缓解企业债务融资约束、促进劳动力结构升级、降低市场垄断以及保障劳动者权益等路径提升企业劳动收入份额。异质性分析表明，新型政商关系对民营企业劳动收入份额的正面影响主要发生在外部环境不确定性程度高的非政治关联的民营企业。新型政商关系对资本报酬和资本支出的影响分析，分别排除了"工资侵蚀利润"和"劳动挤出资本"的替代性解释。这一研究发现说明，新型政商关系能够同时促进民营企业经营效率提高和利益共享，实现效率与公平的统一。

（3）新型政商关系通过市场化、法治化建设有效地破除了"资本权力化"和"权力资本化"问题，有效地抑制了民营企业通过寻租形成的官员高薪和政治资源构建的权力薪酬，使得企业高管与员工薪酬差距缩小。异质性分析表明，新型政商关系对民营企业高管—员工薪酬差距的缩小主要发生在非"四大"事务所和市场化程度较低区域的公司。这说明新型政商关系有助于缓解企业内部高管—员工收入不平等问题，推动民营企业平衡企业内部不同群体间的利益矛盾，实现员工利益分享与企业发展相协调的目标。

（4）进一步将"新型政商关系—企业内部收入分配—企业高质量发展"纳入同一个分析框架，研究企业内部收入分配如何影响企业全要素生产率以及新型政商关系在以上两者之间的调节作用。探求如何通过企业内部公平分配促进企业效率的提高。劳动收入份额与全要素生产率由于"成本效应"和"激励效应"的交互作用，呈"U"形关系，但"成本效应"占主导作用。高管—员工薪酬差距与全要素生产率由于"激励效应"和"公平效应"的双重作用，呈倒"U"形关系，但"公平效应"占主导作用。上述结论在排除其他可能性解释、考虑变量度量误差以及反向因果关系等一系列稳健性与内生性检验后依然成立。新型政商关系给企业带来的资源效应会缓解劳动收入份额对全要素生产率的"成本效应"；同时，新型政商关系通过影响企业员工对社会公平、正义的认同感，增进对不公平的厌恶感，加剧了高管—薪酬差距对全要素生产率的负面作用。异质性分析表明，环境不确定性导致企业融资成本上升会加剧劳动收入份额对全要素生产率的"成本效应"；环境不确定性带来的就业压力会提高劳动者对薪酬差异的接受度，缓解高管—员工薪酬差距对全要素生产率的负面影响。内部控制加剧了劳动收入份额对全要素生产率的"成本效应"，内部控制对劳动者支付基于的仍然是一种成本理念，并非人力资本理念；而企业内部控制的完善会提高员工对内部薪酬管理制度"规则公平"的信任感，从而缓解高管—薪酬差距对全要素生产率的负面作用。

7.2 研究启示

第一，构建"亲而有度、清而有为"的政商关系不仅能够提升民营企业业绩（做大"蛋糕"），同时也能促进民营企业内部收入分配公平化（分好"蛋糕"），并进一步在收入公平分配公平促进企业高质量发展过程中发挥积极作用。因此，构建"亲而有度、清而有为"的政商关系能够促进民营企业把"蛋糕"做大。这对实现解决我国80%以上城镇就业的民营企业内部不同利益群体间的共同富裕具有基础性保障作用。新型政商关系的构建能够缓解资本与权力的冲突及企业内部劳动者不同群体间的冲突,推动民营企业平衡社会利益和经济利益,实现员工利益分享与企业发展相协调的目标。尤其是在我国出口受阻、投资拉动经济乏力、力求通过消费拉动内需的宏观背景下,应进一步推动新型政商关系的构建,纠正扭曲的政商关系,发挥新型政商关系推动民营企业收入分配公平化的治理作用。

第二,新型政商关系的构建在企业面临不确定性环境时更有利于劳动收入份额提升和企业高质量发展,这对我国通过优化营商环境应对复杂多变的外部环境提供了现实路径。新型政商关系更有益于非政治关联企业业绩和劳动收入份额提升的发现,有助于揭示有为政府公平、公正地服务民营企业的决心。新型政商关系作为一种"软"制度环境,能够和其他公司治理机制之间形成互补或替代作用。从厘清政府与企业的边界,划清"权力"与"资本"界限的视角为促进民营企业实现经营"效率"与分配"公平"的统一,以及在高质量发展中实现共同富裕提供了经验证据和现实路径。更为重要的是,本书坚定了政府积极推动新型政商关系构建,优化营商环境,提升民营企业经济活力,在推动企业高质量发展中实现共同富裕的伟大目标的战略正确性。

第三,政商关系问题的本质是政府与市场关系问题。本书的结论意味着,在促进企业内部收入公平和企业高质量发展过程中,"有为政府"和"有效市场"的结合具有重要意义。以往以政治关联为基本特征的非正式政商关系通常是隐蔽的、偏私的政商关系,极大地增加了市场中各主体间的交易成本，这种非正式政商关系极易形成扭曲的"亲"和异化的"清"，并成为官商相互勾结、利益输送、腐败的重要根源。同时，这种非正常的"亲清"政商关系导致的寻租问题和资源错配不仅会导致"政府失灵"和"市场失灵"，也是造成民营企业内部收入分配不公平的重要原因。构建新型政商关系有助于矫正企业收入分配过程中面临的"政府失灵"和"市场失灵"。这种建立在制度化、法治化基础上的独立、平等、互利的政商关系有助于协调政府与市场的关系，真正促进"有为政府"和"有效市场"的结合，在"有效市场、有为政府"的共同作用下，释放和提高民营企业创新活力，促进民营企业收入分配公平和向高质量发展转型。

第四，构建"亲清"的新型政商关系需要政府对"亲"与"清"两者并重，树立主动为民营企业服务的"亲""清"的思维，同时也要避免高压反腐背景下产生"清"而不"亲"的倾向。提高民营企业内部收入分配公平性和高质量发展需要政府对民营企业"亲"与"清"一起发力。如果政商关系不"清"，就会影响政府资源配置效率，导致"资本权力化"和"权力资本化"问题，使民营企业通过寻租形成官员高薪和政治资源构建的权力薪酬，拉大高管与员工薪酬差距；同时，政商关系不"清"，则会导致部分企业通过行政垄断获得超额利润，由于其在市场上有较强的支配力和成本加成，因此会造成劳动报酬增长低于劳动生产率增长。如果政商关系不"亲"，当民营企业融资成本较高时，其就无法弥补技术创新产生的外部性问题，无法使企业通过提高技术创新水平，促进业绩改善、劳动力结构转型以及全要素生产率提高。因此，"亲清"政府需要设身处地地为民营企业的长远发展考虑，需要主动关心民营企业的影响其健康发展的问题,并为他们解决实际困难。只有这样,才能真正破解民营经济发展瓶颈,实现国有经济与民营经济共同发展,推动我国经济向高质量发展转型。

7.3 研究展望

本书深入研究了新型政商关系对民营企业收入分配公平与高质量发展的影响,进行了实证检验,但是也存在不足之处,在今后的研究过程中,将着重进行以下几个方面研究工作:

(1) 深入研究新型政商关系对企业业绩增长的作用机制。本书深入探索新型政商关系对企业业绩增长的影响机理,以及在不同环境中影响的差异性,并进行了实证检验工作。但是受限于数据资料的可得性,只是从资源依赖理论视角分析了新型政商关系如何影响企业资源的获得性,以及进一步影响企业技术创新和业绩增长。事实上,新型政商关系存在通过其他机制影响企业业绩增长的可能性。在今后的研究过程中,将通过实地调研、发放调查问卷方式,获取微观数据资料,评估"亲清"政商关系构建如何影响企业业绩。

(2) 分行业研究,分别研究对劳动收入份额的影响。研究新型政商关系对劳动收入份额影响机理的过程中,没有考虑对行业进行区分。在今后的研究过程中,将具体结合资本密集型行业、劳动密集型行业分别展开研究;同时,要结合区域劳动力市场结构,研究新型政商关系对劳动收入份额的影响,并提出有针对性的建议。

(3) 深入解读和分析企业高质量发展的内涵,对新型政商关系和企业收入分配如何影响企业高质量发展进行深入研究。企业高质量发展是一个较为宽泛的概念，本书将高质量发展局限于全要素生产率的提高。结合习近平总书记在党的十八届五中全会上提出的"创新、协调、绿色、开放、共享"新发展理念，在今后的研究中将继续拓展企业高质量发展的实证研究。

参 考 文 献

[1] ACEMOGLU D. Directed technical change [J]. The Review of Economic Studies, 2002, 69 (4): 781 – 809.

[2] ADAMS J S. Inequity in social exchange [M]. In L. Berkowitz (Ed), Advances in experimental social psychology. New York: Academic press, 1965 (2): 267 – 299.

[3] ADHIKARI B K, AGRAWAL A. Religion, gambling attitudes and corporate innovation [J]. Journal of Corporate Finance, 2016, 37 (4): 229 – 248.

[4] ALCHIAN D. Production, Information costs, and economic organization [J]. American Econ Rev, 1972, 62 (5): 77 – 95.

[5] ALLEN F, QIAN J, QIAN M J. Law, finance, and economic growth in China [J]. Journal of Financial Economics, 2005, 77 (1): 57 – 116.

[6] ARMEN A, ALCHIAN, HAROLD D. Production, information costs, and economic organization [J]. The A-

merican Economic Review, 1972, 62 (5): 777 -795.

[7] ATTIG N, GHOUL S E, GUEDHAMI O. Do multiple large shareholders play a corporate governance role evidence from East Asia [J]. Journal of Financial Research, 2009, 32 (4): 395 -422.

[8] AUTOR D H, DRON D, KATZ L F. The fall of the labor share and the rise of superstar firms [R]. NBER Working Paper, 2017.

[9] Aziz J, Cui L. Explaining China's low consumption: The neglected role of household income [J]. Available at SSRN 1007930, 2017.

[10] BARON R M, KENNY D A. The moderator – mediator variable distinction in social psychological research: Conceptual, strategic, and statistical considerations [J]. Journal of Personality and Social Psychology, 1986 (51): 1173 -1182.

[11] BEBCHUK L A, FRIED J M, WALKER D I. Managerial power and rent extraction in the design of executive compensation [J]. The University of Chicago Law Review, 2002 (69): 751 -846.

[12] BELLOC F. Corporate governance and innovation: A survey [J]. Journal of Economic Surveys, 2012, 26 (5): 835 -864.

[13] BENNEDSEN M, WOLFENZON D. The balance of power in closely held corporations [J]. Journal of Financial Economics, 2000, 58 (1): 113-139.

[14] BENS D A, NAGAR V, WONG M H F. Real investment implications of employee stock option exercise [J]. Journal of Accounting Research, 2012, 40 (2): 359-393.

[15] BENTOLILA S, SAINT - PAUL G. Explaining movements in labor income share [J]. Contributions in Macroeconomics, 2003, 3 (1): 1103-1136.

[16] BHATTACHARYA U, HSU P H, TIAN X, et al.. What affects innovation more: Policy or policy uncertainty [J]. Journal of Financial and Quantitative Analysis, 2017, 52 (5): 1869-1901.

[17] BRADLEY D, KIM I, TIAN X. Do unions affect innovation? [J]. Management Science, 2016, 63 (7): 2251-2271.

[18] BURDETT K, MORTENSEN D T. Wage differentials, employer size, and unemployment [J]. International Economic Review, 1998, 39 (2): 257-273.

[19] BURNS N, MINNCK K, STARKS L. CEO tournaments: A cross - country analysis of causes, cultural influences and consequences [J]. Journal of Financial and Quantitative Analysis, 2017, 52 (2): 519-551.

[20] CAI C X, HILLIER D, WANG J. The cost of multiple large shareholders [J]. Financial Management, 2015, 45 (2): 401-430.

[21] CAO J. The dynamic relationship between the share of labor remuneration and macroeconomic fluctuations [J]. Contemporary Economic Research, 2013 (5): 45-50.

[22] CARSON S J, MADHOK A, WU T. Uncertainty, opportunism, and governance: The effects of volatility and ambiguity on formal and relational contracting [J]. The Academy of Management Journal. 2006, 49 (5): 1058-1077.

[23] CHARUMILIND C, KALI R. WIWATTANAKAN-TANG Y. Connected lending: Thailand before the financial crisis [J]. Journal of Business, 2006, 79 (1): 181-218.

[24] CHEN S, CHANG M J. Capital control and exchange rate volatility [J]. North American Journal of Economics & Finance, 2015 (33): 167-177.

[25] CHENG M, LIN B, WEI M. Executive compensation in family firms: The effect of multiple family members [J]. Journal of Corporate Finance, 2015 (32): 238-257.

[26] CHRISTIANSEN G, HAVEMAN R. The contribution of environmental regulations to the slowdown in productivi-

ty growth [J]. Journal of Environmental Economics and Management, 1981, 8 (4): 381 -390.

[27] CIFTCI M, CREADY W M. Scale effects of R&D as reflected in earnings and returns [J]. Journal of Accounting and Economics, 2011, 52 (1): 62 -80.

[28] CLAESSENS S, FEIJEN E, LAEVEN L. Political connections and preferential access to finance: The role of campaign contributions [J]. Journal of Financial Economics, 2008, 88 (3): 554 -580.

[29] CLEMENS J, KAHN L B, MEER J. Dropouts need not apply? The minimum wage and skill upgrading [J]. Journal of Labor Economics, 2021, 39 (S): S107 -S149.

[30] COASE R H. The nature of the firm [J]. Economica, 1937 (4): 386 -400.

[31] CORE J, HOLTHAUSEN A, LARCKER D. Corporate governance, chief executive officer compensation and firm performance [J]. Journal of Financial Economics, 1999 (51): 371 -406.

[32] COWHERD D M, LEVINE D I. Product quality and pay equity between lower - level employees and top management: An investigation of distributive justice theory [J]. Administrative Science Quarterly, 1992, 37 (3): 524 - 538.

[33] CUBITT R P, HEAP S P H. Minimum wage legislation, investment and human capital [J]. Scottish Journal of Political Economy, 1999, 46 (2): 135 –157.

[34] CUI G H, ZHANG Y, MA J W, YAO W Y. Does environmental regulation affect the labor income share of manufacturing enterprises? Evidence from China [J]. Economic Modelling, 2023 (123): 106251.

[35] DAUDEY E, GARCIA – PENALOSA C. The personal and the factor distributions of income in a cross – section of countries [J]. Journal of Development Studies, 2007, 43 (5): 812 –829.

[36] DITTMANN I, MONTONE M, ZHU Y. Wage gap and stock returns: Do investors dislike pay inequality? [J]. Social Science Electronic Publishing, 2023 (6): 3226225.

[37] DRACA M, MACHIN S, VAN REENEN J. Minimum wages and firm profitability [J]. American Economic Journal: Applied Economics, 2011, 3 (1): 129 –151.

[38] DU J, ZHANG J, LI X. What is the mechanism of resource dependence and high – quality economic development? An empirical test from China [J]. Sustainability, 2020 (12).

[39] EDMANS A, MANSO G. Governance through trading and intervention: A theory of multiple block holders

[J]. Review of Financial Studies, 2011, 24 (7): 2395 - 2428.

[40] ELGIN C, KUZUBAS T U. KUZUBAS. Wage - productivity gap in OECD economies [J]. Economics, 2013, 7 (1): 20130021.

[41] EUGENE F, FAMA. Agency problem and the theory of the firm [J]. Journal of Political Economy, 1980, 88 (2): 153 - 182.

[42] FACCIO M, MARCHICA M T, MURA R. Large shareholder diversification and corporate risk - taking [J]. Review of Financial Studies, 2011, 24 (11): 3601 - 3641.

[43] FAN J P H, WONG T J, ZHANG T. Politically connected CEOs, corporate governance and Post - IPO performance of china's partially privatized firms [J]. Journal of Financial Economics, 2007 (84): 330 - 357.

[44] FERRY L, HE G, YANG C. How do executive pay and its gap with employee pay influence corporate performance? Evidence from Thailand tourism listed companies [J]. Journal of Hospitality and Tourism Insights, 2023, 1 (6): 362 - 381.

[45] GAN LI, HERNANDEZ MANUEL A, MA SHUANG. The higher costs of doing business in China: Minimum wages and firms' export behavior [J]. Journal of Inter-

national Economics, 100 (2016): 81 -94.

[46] GANTCHEV N, CHAKRABORTY I. Does shareholder coordination matter? Evidence from private placements [J]. Journal of Financial Economics, 2013, 108 (1): 213 -230.

[47] GE G, XIAO X, LI Z, DAI Q. Does esg performance promote high - quality development of enterprises in china? The mediating role of innovation input [J]. Sustainability, 2022, 14 (7): 38 -43.

[48] GOLDIN C, KATZ L F. The origins of technology - skill Complementarity [J]. The Quarterly Journal of Economics, 1998, 113 (3): 693 -732.

[49] GOMES A, NOVAES W. Sharing of control versus monitoring as corporate governance mechanisms [R]. Working Paper, 2006.

[50] GRAY W B, SHADBEGIAN R J. Plant vintage, technology, and environmental regulation [J]. Journal of Environmental Economics and Management, 2003, 46 (3): 384 -402.

[51] GRILICHES Z. Patent Statistics as economic indicators: A Survey [J]. Journal of Economic Literature, 1990, 28 (4): 1661 -1707.

[52] GULEN H, ION M. Policy uncertainty and corpo-

rate investment [J]. The Review of Financial Studies, 2016, 29 (3): 523 – 564.

[53] GUSCHANSKI A, ONARAN, ÖZLEM. The labour share and financialisation: Evidence from publicly listed firms [J]. Greenwich Papers in Political Economy, 2018.

[54] HARRIS M, RAVIV A. Corporate control contests and capital structure [J]. Journal of Financial Economics, 1988 (20): 55 – 86.

[55] HASAN I, HOI C K S, WU Q, et al. Is social capital associated with corporate innovation Evidence from publicly listed firms in the US [J]. Journal of Corporate Finance, 2020 (62): 101623.

[56] TIAN X. The dark side of analyst coverage: The case of innovation [J]. Journal of Financial Economics, 2013, 109 (3): 856 – 878.

[57] MILGROM H P. Aggregation and Linearity in the Provision of Intertemporal Incentives [J]. Cowles Foundation Discussion Papers, 1987, 55 (2): 303 – 328.

[58] HSIEH C, KLENOW P J. Misallocation and manufacturing TFP in China and India [J]. Quarterly Journal of Economics, 2009, 124 (4): 1403 – 1448.

[59] IHEANACHO E. Emperical review on the relationship between real wages, inflation and labour productivity in

189

Nigeria. ARDL Bounds Testing Approach [J]. Issues in Economics and Business, 2017, 3 (1): 9 – 29.

[60] JIA N, TIAN X, ZHANG W. The real effects of tournament incentives: The Case of Firm Innovation [R]. SSRN Working Paper, 2016.

[61] KARABARBOUNIS L, NEIMAN B. The global decline of the labor share [J]. The Quarterly Journal of Economics, 2013, 129 (1): 61 – 103.

[62] KONG G, HUANG J, MA G. Anti – corruption and within – firm pay gap: Evidence from China [J]. Pacific – Basin Finance Journal, 2023.

[63] KRUEGER A O. The political economy of the rent – seeking society [J]. American Economic Review, 1974, 64 (3): 291 – 303.

[64] LAEVEN L, LEVINE R. Complex ownership structures and corporate valuations [J]. Review of Financial Studies, 2008 (21): 579 – 604.

[65] LAZEAR E P, ROSEN S. Rank – order tournaments as optimum labor contracts [J]. Journal of Political Economy, 1981, 89 (5): 841 – 864.

[66] LEON H, BRETT K, TAEKJIN S, JEFF W. CEO – employee pay gap and firm R&D efficiency [J]. Review of Accounting and Finance, 2020, 19 (2): 271 –

287.

[67] LI B, LIU C, SUN S T. Do Corporate income tax cuts decrease labor share regression discontinuity? Evidence from China [J]. Journal of Development Economics, 2021 (150): 102624.

[68] LI H Y, ZHANG Y. The role of managers' political networking and functional experience in new venture performance: Evidence from China's transition economy [J]. Strategic Management Journal, 2007 (8): 791-804.

[69] LIU G, LIU Y, ZHANG C. Tax Enforcement and corporate employment: Evidence from a quasi-natural experiment in China [J]. China Economic Review, 2022: 101771.

[70] LIU Y L, SHEN G J, YAO Y. Revisiting the causes of changes in China's labor share based on new stylized facts [J]. China Economic Quarterly, 2022 (5): 1467-1488.

[71] LU X D. Income distribution, effective factor endowments and trade openness: A study based on provinces panel data [J]. The Journal of Quantitative & Technical Economics, 2008 (4): 53-64.

[72] MAHY B, RYCX F, VOLRAL M. Does wage dispersion make all firms productive [J]. Scottish Journal of

Political Economy, 2011, 58 (4): 455 – 489.

[73] MAIN B G O, REILLY C A, WADE J. Top executive pay: Tournament or team work? [J]. Journal of Labor Economics, 1993 (11): 606 – 628.

[74] MANNE H. Mergers and the market for corporate control [J]. Journal of Political Economy, 1965 (73).

[75] MANSO, G. Motivating Innovation [J]. Journal of Finance, 2011 (66): 1823 – 1860.

[76] MARTINS P S. Dispersion in wage premiums and firm performance [J]. Economics Letters, 2008, 101 (1): 63 – 65.

[77] MAURY B, PAJUSTE A. Multiple large shareholders and firm value [J]. Journal of Banking & Finance, 2005, 29 (7): 1813 – 1834.

[78] MIDRIGAN V, XU D Y. Finance and misallocation: Evidence from plant – level data [J]. Social Science Electronic Publishing, 2014, 104 (2): 422 – 458.

[79] MILLER D, SHAMSIE J. The resource – based view of the firm in two environments [J]. The Academy of Management Journal, 1999, 39 (3): 519 – 543.

[80] MISHRA D R. Multiple large shareholders and corporate risk taking: Evidence from east Asia [J]. Corporate Governance, 2011, 19 (6): 507 – 528.

[81] MINCER J. The distribution of labor incomes: A survey [J]. Journal of Economic Literature, 1970, 8 (1): 1-26.

[82] MOSHIRIAN F, TIAN X, ZHANG B, ZHANG W. Stock market liberalization and innovation [J]. Journal of Financial Economics. 2021, 139 (3): 985-1014.

[83] NEUMEYER P A, PERRIF. Business cycles in emerging economies: The role of interest rates [J]. Journal of Monetary Economics, 2005, 52 (2): 345-380.

[84] O'REILLY C, MAIN B, CRYSTAL G. CEO compensation as tournament and social comparison [J]. Administrative Science Quarterly, 1988 (33): 257-274.

[85] PETROSKY-NADEAU N, WASMER E. The cyclical volatility of labor markets under frictional financial markets [J]. American Economic Journal: Macroeconomics, 2013 (5): 193-221.

[86] PFEFFER J, LANGTON N. The effect of wage dispersion satisfaction, productivity and working collaboratively: Evidence from college and university faculty [J]. Administrative Science Quarterly, 1993, 38 (2): 382-407.

[87] PIKETTY T, SAEZ E. Income inequality in the United States, 1913-1998 [J]. Quarterly Journal of Economics, 2003, 118 (1): 1-39.

[88] QIAN C, ZHU C, HUANG D H, ZHANG S F. Examining the influence mechanism of artificial intelligence development on labor income share through numerical simulations [J]. Technological Forecasting and Social Change, 2023 (188): 122315.

[89] RAJGOPAL S, SRINIVASAN S. Pay dispersion in the executive suite [R]. Working Paper, Harvard University, 2006.

[90] RAMANA N, RHODES K. Investment cycles and startup innovation [J]. Journal of Financial Economics, 2013, 110 (2): 403 -418.

[91] RODRIGUEZ F, JAYADEV A. The declining labor share of income [J]. Human Development Research Papers, 2010, 3 (2): 1 -18.

[92] ROMER D. Advanced Macroeconomics [M]. New York: Mc Graw - Hill, 2001.

[93] ROSEN S. Prizes and incentives in elimination tournaments [J]. American Economic Review, 1986 (76): 701 -715.

[94] SAMRA Y M, ZHANG H, LYNN G S, et al. Crisis management in new product development: A tale of two stories [J]. Technovation, 2019 (88): 1 -12.

[95] SHIN H, PARK Y S. Financing constraints and

internal capital markets: Evidence from Korean 'Chaebols' [J]. Journal of Corporate Finance, 1999, 5 (2): 169 – 191.

[96] TOSI H L, GRECKHAMER T. Culture and CEO compensation [J]. Organization Science, 2004, 15 (6): 657 – 670.

[97] TU J, HE J. Does giving lead to getting evidence from Chinese private enterprises [J]. Journal of Business Ethics, 2010 (93): 73 – 90.

[98] VAN REENEN J. The creation and capture of rents: Wages and innovation in a panel of U. K. companies [J]. The Quarterly Journal of Economics, 1996, 111 (1): 195 – 226.

[99] XIE W M, GUO J L, ZHANG H X. Confucian culture and the external pay gap [J]. China Journal of Accounting Research, 2023, 16 (2): 89 – 117.

[100] WILLIAMSON O E. Markets and hierarchies: Analysis and antitrust implications, a study in the Economics of Internal Organization, New York, NY: Free Press, 1975.

[101] WU J. Asymmetric roles of business ties and political ties in product innovation [J]. Journal of Business Research, 2011, 64 (11): 1151 – 1156.

[102] XU G, ZHANG D, YANO G. Can corruption really function as protection money and grease money evidence from chines firms [J]. Economic Systems, 2017, 41 (4): 622 -638.

[103] YE M, LI M, ZENG Q. Former CEO director and executive - employee pay gap [J]. Pacific - Basin Finance Journal, 2022 (76).

[104] YUANLI F, MAGGIE H, QINGSEN Y. Do executives benefit from shareholder disputes? Evidence from multiple large shareholders in Chinese listed firms [J]. Journal of Corporate Finance, 2018 (51): 275 -315.

[105] ZHANG C, GUO Q, HU L, ZHAO L, et al. Role of CEO age in determining executive - employee pay gap in Chinese listed manufacturing companies: A perspective of risk aversion [J]. Matec Web of Conferences, 2017 (100): 05057.

[106] ZHANG P, YAN J. A theoretical framework and experimental program for understanding rule preference fairness cognition and trust [J]. International Business and Management, 2015, 11 (2): 81 -86.

[107] ZHANG X, MA X, WANG Y, et al. What drives the internationalization of Chinese SMEs - The joint effects of international entrepreneurship characteristics, network ties, and firm ownership [J]. International Business

Review, 2016, 25 (2): 522 - 534.

[108] 白重恩, 钱震杰, 武康平. 中国工业部门要素分配份额决定因素研究 [J]. 经济研究, 2008 (8): 16 - 28.

[109] 白重恩, 钱震杰. 国民收入的要素分配: 统计数据背后的故事 [J]. 经济研究, 2009 (3): 27 - 41.

[110] 柏培文, 杨志才. 劳动力议价能力与劳动收入占比——兼析金融危机后的影响 [J]. 管理世界, 2019, 35 (5): 78 - 91.

[111] 岑永嗣, 黎文靖. 经理人市场、高管薪酬差距与激励效应 [J]. 会计与经济研究, 2014, 28 (3): 37 - 51.

[112] 陈东. 私营企业出资人背景、投机性投资与企业绩效 [J]. 管理世界, 2015 (8): 97 - 119.

[113] 陈冬华, 陈信元, 万华林. 国有企业中的薪酬管制与在职消费 [J]. 经济研究, 2005 (2): 92 - 101.

[114] 陈冬华, 范从来, 沈永建. 高管与员工: 激励有效性之比较与互动 [J]. 管理世界, 2015 (5): 160 - 171.

[115] 陈红, 胡耀丹, 余怒涛, 刘李福. 制度环境会影响内部控制对企业投资效率的促进作用吗? [J]. 云南财经大学学报, 2018, 34 (12): 66 - 78.

[116] 陈良银,黄俊,陈信元. 混合所有制改革提高了国有企业内部薪酬差距吗? [J]. 南开管理评论, 2021, 24 (5): 150–162.

[117] 陈梦根,周元任. 数字化对企业人工成本的影响 [J]. 中国人口科学, 2021 (4): 45–60, 127.

[118] 陈诗一,陈登科. 雾霾污染、政府治理与经济高质量发展 [J]. 经济研究, 2018, 53 (2): 20–34.

[119] 陈仕华,杨江变,杨周萍,叶彦. 儒家文化与高管—员工薪酬差距 [J]. 财贸研究, 2020, 31 (5): 97–110.

[120] 陈宇峰,贵斌威,陈启清. 技术偏向与中国劳动收入份额的再考察 [J]. 经济研究, 2013, 48 (6): 113–126.

[121] 陈云贤. 中国特色社会主义市场经济: 有为政府+有效市场 [J]. 经济研究, 2019 (1): 4–19.

[122] 陈震,张鸣. 高管层内部的级差报酬研究 [J]. 中国会计评论, 2006, 4 (1): 17.

[123] 程惠芳,陈超. 开放经济下知识资本与全要素生产率——国际经验与中国启示 [J]. 经济研究, 2017 (10): 21–36.

[124] 代彬,刘星,郝颖. 高管权力、薪酬契约与国企改革——来自国有上市公司的实证研究 [J]. 当代经济科学, 2011, 33 (4): 90–98, 127.

[125] 戴天仕, 徐现祥. 中国的技术进步方向 [J]. 世界经济, 2010 (11): 54-70.

[126] 戴翔. 主动扩大进口: 高质量发展的推进机制及实现路径 [J]. 宏观质量研究, 2019, 7 (1): 60-71.

[127] 戴亦一, 余威, 宁博, 潘越. 民营企业董事长的党员身份与公司财务违规 [J]. 研究, 2017 (6): 75-81, 97.

[128] 党力, 杨瑞龙, 杨继东. 反腐败与企业创新 [J]. 中国工业经济, 2015 (7): 146-160.

[129] 邓晓飞, 辛宇, 滕飞. 官员独立董事强制辞职与政治关联丧失 [J]. 中国工业经济, 2016 (2): 130-145.

[130] 丁建勋, 沈羽, 张鑫. 技术进步路径转换有利于改善我国要素收入分配格局吗? [J]. 现代管理科学, 2022 (2): 13-22.

[131] 董丰, 申广军, 焦阳. 去杠杆的分配效应: 来自中国工业部门的证据 [J]. 经济学 (季刊), 2020, 19 (2): 451-472.

[132] 董新兴, 刘坤. 劳动力成本上升对企业创新行为的影响——来自中国制造业上市公司的经验证据 [J]. 山东大学学报 (哲学社会科学版), 2016 (4): 112-121.

[133] 杜鹏程, 杜妍, 刘文翰. 社会保险征收体制改革与企业劳动收入份额 [J]. 经济科学, 2022 (6): 160-176.

[134] 杜兴强, 陈韫慧, 杜颖洁. 寻租、政治联系与"真实"业绩——基于民营上市公司的经验证据 [J]. 金融研究, 2010 (10): 135-157.

[135] 杜兴强, 冯文滔, 杜颖洁. 政治联系增加了民营上市公司的内部薪酬差距吗? [J]. 投资研究, 2013 (2): 88-107.

[136] 方芳, 李实. 管薪酬差距的阴暗面——基于企业违规行为的研究 [J]. 经济管理, 2018, 40 (3): 57-73.

[137] 方军雄. 劳动收入比重真的一致下降吗? [J]. 管理世界, 2011 (7): 31-41.

[138] 方明月, 林佳妮, 聂辉华. 数字化转型是否促进了企业内共同富裕? ——来自中国A股上市公司的证据 [J]. 数量经济技术经济研究, 2022, 39 (11): 50-70.

[139] 冯伟, 苏娅. 财政分权、政府竞争和中国经济增长质量: 基于政治经济学的分析框架 [J]. 宏观质量研究, 2019, 7 (4): 33-47.

[140] 冯伟. "筑巢"与"引凤": 政商关系对FDI的作用特征与机制分析 [J]. 财贸研究, 2021, 32 (7):

27-41.

[141] 冯延超. 中国民营企业政治关联与税收负担关系的研究 [J]. 管理评论, 2012, 24 (6): 167-176.

[142] 傅颀, 贾秋国, 徐静. 薪酬差距对企业创新的影响研究 [J]. 财经论丛, 2020 (5): 75-82.

[143] 高娟. 绩效激励对企业全要素生产率的影响效应——基于"中国企业—劳动力匹配调查"数据的实证研究 [J]. 中国软科学, 2018 (10): 175-183.

[144] 高培勇. 加快完善推动经济高质量发展的体制机制 [J]. 企业党建, 2020.

[145] 巩娜. 高管薪酬差距、控股股东与民营上市公司绩效关系实证分析 [J]. 中央财经大学学报, 2015 (7): 64-73.

[146] 辜胜阻, 吴华君, 吴沁沁, 余贤文. 创新驱动与核心技术突破是高质量发展的基石 [J]. 中国软科学, 2018 (10): 9-18.

[147] 关海玲, 武祯妮. 地方环境规制与绿色全要素生产率提升——是技术进步还是技术效率变动? [J]. 经济问题, 2020 (2): 118-129.

[148] 管考磊. 亲清政商关系会影响企业创新吗?——来自中国上市公司的经验证据 [J]. 当代财经, 2019 (6): 130-140.

[149] 郭剑花,杜兴强. 政治联系、预算软约束与政府补助的配置效率——基于中国民营上市公司的经验研究 [J]. 金融研究, 2011 (2): 114-128.

[150] 郭剑花. 政治联系影响高管与员工的薪酬差距吗? [J]. 经济经纬, 2015, 32 (4): 91-96.

[151] 郭凯明. 人工智能发展、产业结构转型升级与劳动收入份额变动 [J]. 管理世界, 2019 (7): 60-77.

[152] 韩雷,冯彤,刘长庚. 共同富裕目标下劳动生产率与劳动报酬同步提高的实现——市场化改革抑或劳动保护 [J]. 财经研究, 2023, 49 (1): 4-18.

[153] 何德旭,周中胜. 民营企业的政治联系、劳动雇佣与公司价值 [J]. 数量经济技术经济研究, 2011 (9): 47-59.

[154] 何贤杰,肖土盛,陈信元. 企业社会责任信息披露与公司融资约束 [J]. 财经研究, 2012, 38 (8): 60-71, 83.

[155] 何小钢,朱国悦,冯大威. 工业机器人应用与劳动收入份额——来自中国工业企业的证据 [J]. 中国工业经济, 2023, 421 (4): 98-116.

[156] 何晓斌,柳建坤. 政治联系对民营企业经济绩效的影响研究 [J]. 管理学报, 2020, 17 (10): 1443-1452.

[157] 贺晓宇, 沈坤荣. 现代化经济体系、全要素生产率与高质量发展 [J]. 上海经济研究, 2018 (6): 25–34.

[158] 胡彬, 何璐. 融资约束与劳动力成本视角下企业创新激励来源分析 [J]. 商业经济研究, 2015 (18): 95–96.

[159] 胡晖, 唐恩宁. 环境权益交易对企业高质量生产的影响——基于碳排放权交易的经验证据 [J]. 宏观质量研究, 2020, 8 (5): 42–57.

[160] 胡楠, 薛付婧, 王昊楠. 管理者短视主义影响企业长期投资吗?——基于文本分析和机器学习 [J]. 管理世界, 2021, 37 (5): 11, 19–21, 139–156.

[161] 黄逵友, 李增福, 潘南佩. 企业数字化转型与劳动收入份额 [J]. 经济评论, 2023 (2): 15–30.

[162] 黄少卿, 潘思怡, 施浩. 反腐败、政商关系转型与企业绩效 [J]. 学术月刊, 2018 (12): 25–40.

[163] 黄速建, 肖红军, 王欣论. 国有企业高质量发展 [J]. 中国工业经济, 2018 (10): 19–41.

[164] 黄贤环, 王瑶. 国有企业限薪抑制了全要素生产率的提升吗? [J]. 上海财经大学学报, 2020 (1): 34–50.

[165] 黄新建, 刘苗. 民营企业的政治关联、员工福利与企业业绩——基于中国制造业的实证研究 [J].

重庆大学学报（社会科学版），2018（5）：66-79.

[166] 贾珅，申广军. 企业风险与劳动收入份额：来自中国工业部门的证据 [J]. 经济研究，2016（5）：116-129.

[167] 简泽，张涛，伏玉林. 进口自由化、竞争与本土企业的全要素生产率——基于中国加入 WTO 的一个自然实验 [J]. 经济研究，2014（8）：120-132.

[168] 江红莉，蒋鹏程. 数字金融能提升企业全要素生产率吗？——来自中国上市公司的经验证据 [J]. 上海财经大学学报，2021，23（3）：3-18.

[169] 江伟，吴静桦，胡玉明. 高管—员工薪酬差距与企业创新——基于中国上市公司的经验研究 [J]. 山西财经大学学报，2018，40（6）：74-88.

[170] 江轩宇，朱冰. 资本市场对外开放与劳动收入份额——基于沪深港通交易制度的经验证据 [J]. 经济学（季刊），2022，22（4）：1101-1124.

[171] 江炎骏，许德友. 新型政商关系能够引导民营企业履行社会责任吗？——基于中国城市政商关系排行榜的实证研究 [J]. 哈尔滨商业大学学报（社会科学版），2020（1）：66-77.

[172] 姜付秀，石贝贝，马云飙. 董秘财务经历与盈余信息含量 [J]. 管理世界，2016（9）：161-173.

[173] 姜付秀，王运通，田园，吴恺. 多个大股东

与企业融资约束——基于文本分析的经验证据 [J]. 管理世界, 2017 (12): 61-74.

[174] 姜长云. 服务业高质量发展的内涵界定与推进策略 [J]. 改革, 2019 (6): 41-52.

[175] 蒋长流, 江成涛, 郑德昌. 大股东掏空、非效率投资与企业全要素生产率 [J]. 工业技术经济, 2020, 39 (5): 100-110.

[176] 颉茂华, 王娇, 刘铁鑫, 施诺. 反腐倡廉、政治关联与企业并购重组行为 [J]. 经济学 (季刊), 2021, 21 (3): 979-998.

[177] 金玉娜, 张志平. 机构投资者能抑制过度投资吗?——基于机构投资投资者异质性的经验证据 [J]. 东北财经大学学报, 2013 (1): 20-26.

[178] 孔东民, 徐茗丽, 孔高文. 企业内部薪酬差距与创新 [J]. 经济研究, 2017 (10): 144-157.

[179] 郎香香, 张朦朦. 内部薪酬差距对企业创新投入的影响研究——基于产权性质和宏观环境异质性视角的检验 [J]. 工业技术经济, 2021, 40 (3): 136-142.

[180] 雷宇, 郭剑花. 什么影响了高管与员工的薪酬差距 [J]. 中央财经大学学报, 2012 (9): 78-83.

[181] 黎文靖, 郑曼妮. 实质性创新还是策略性创新?——宏观产业政策对微观企业创新的影响 [J]. 经济研究, 2016, 51 (4): 60-73.

[182] 李海凤, 史燕平. 投资者保护、政治干预与资本配置效率 [J]. 经济经纬, 2014 (3): 139-144.

[183] 李后建, 张剑. 腐败与企业创新: 润滑剂抑或绊脚石 [J]. 南开经济研究, 2015 (2): 24-58.

[184] 李娜娜, 杨仁发. FDI 能否促进中国经济高质量发展? [J]. 统计与信息论坛, 2019, 34 (9): 35-43.

[185] 李仁宇, 钟腾龙. 国家创新型城市试点是否影响劳动收入份额 [J]. 当代财经, 2022 (8): 16-27.

[186] 李实, 朱梦冰. 推进收入分配制度改革促进共同富裕实现 [J]. 管理世界, 2022, 38 (1): 52-62, 76.

[187] 李伟, 滕云. 企业社会责任与内部控制有效性关系研究 [J]. 财经问题研究, 2015 (8): 105-109.

[188] 梁莱歆, 冯延超. 民营企业政治关联、雇员规模与薪酬成本 [J]. 中国工业经济, 2010 (10): 127-137.

[189] 廖祖君, 王理. 城市蔓延与区域经济高质量发展 [J]. 财经科学, 2019 (6): 106-119.

[190] 林浚清, 黄祖辉, 孙永祥. 高管团队内薪酬差距、公司绩效和治理结构 [J]. 经济研究, 2003 (4): 31-40.

[191] 林雁，毛奕欢，谭洪涛. 政治关联企业环保投资决策——"带头表率"还是"退缩其后"？[J]. 会计研究，2021 (6): 159-175.

[192] 林志帆，赵秋运. 金融抑制会导致劳动收入份额下降吗？[J]. 中国经济问题，2015 (6): 49-59.

[193] 刘波，李志生，王泓力，等. 现金流不确定性与企业创新[J]. 经济研究，2017 (3): 166-180.

[194] 刘传明，马青山. 网络基础设施建设对全要素生产率增长的影响研究——基于"宽带中国"试点政策的准自然实验[J]. 中国人口科学，2020 (3): 75-88, 127-128.

[195] 刘春，孙亮. 薪酬差距与企业绩效：来自国企上市公司的经验证据[J]. 南开管理评论，2010，13 (2): 30-39, 51.

[196] 刘贯春，刘媛媛，张军. 经济政策不确定性与中国上市公司的资产组合配置——兼论实体企业的"金融化"[J]. 趋势经济学（季刊），2020，20 (5): 65-86.

[197] 刘国光. 对十七大报告论述中一些经济问题的理解[J]. 经济学动态，2008 (1): 31-38.

[198] 刘慧龙，张敏，王亚平，等. 政治关联、薪酬激励与员工配置效率[J]. 经济研究，2010 (9): 109-121, 136.

[199] 刘计含, 王建琼. 企业社会责任与资本约束——来自中国上市公司的证据 [J]. 管理评论, 2012, 24 (11): 151-156.

[200] 刘瑞, 郭涛. 质量发展指数的构建及应用——兼评东北经济高质量发展 [J]. 东北大学学报 (社会科学版), 2020, 22 (1): 31-39.

[201] 刘思明, 张世瑾, 朱惠东. 国家创新驱动力测度及其经济高质量发展效应研究 [J]. 数量经济技术经济研究, 2019, 36 (4): 3-23.

[202] 刘帷韬, 任金洋, 冯大威, 高琦. 经济政策不确定性、非效率投资与企业全要素生产率 [J]. 经济问题探索, 2021 (12): 13-30.

[203] 刘晓伟, 刘锦, 姜安印. 企业腐败与内部薪酬差距 [J]. 当代财经, 2017 (3): 70-80.

[204] 刘行, 叶康涛. 企业的避税活动会影响投资效率吗? [J]. 会计研究, 2013 (6): 47-53.

[205] 刘修岩, 李松林, 陈子扬. 多中心空间发展模式与地区收入差距 [J]. 中国工业经济, 2017 (10): 25-43.

[206] 刘亚琳, 茅锐, 姚洋. 结构转型、金融危机与中国劳动收入份额的变化 [J]. 经济学 (季刊), 2018 (2): 609-632.

[207] 刘祎, 杨旭, 黄茂兴. 环境规制与绿色全要素

生产率——基于不同技术进步路径的中介效应分析 [J]. 当代经济管理, 2020, 42 (6): 16-27.

[208] 刘长庚, 柏园杰. 中国劳动收入居于主体地位吗？——劳动收入份额再测算与国际比较 [J]. 经济学动态, 2022 (9): 31-50.

[209] 刘长庚, 王宇航, 张磊. 去杠杆降低了劳动收入份额吗？[J]. 中央财经大学学报, 2022 (7): 87-99.

[210] 卢锐, 魏明海, 黎文靖. 管理层权力、在职消费与产权效率——来自中国上市公司的证据, 南开管理评论, 2008, 11 (5): 85-92.

[211] 卢锐. 管理层权力、薪酬差距与绩效 [J]. 南方经济, 2007 (7): 60-70.

[212] 鲁晓东, 连玉君. 中国工业企业全要素生产率估计: 1999—2007 [J]. 经济学季刊, 2012 (1): 541-558.

[213] 陆铭, 陈钊, 杨真. 平等与增长携手并进——收益递增、策略性行为和分工的效率损失 [J]. 经济学 (季刊), 2007 (2): 443-468.

[214] 禄东, 林高, 黄莉, 等. "官员型"高管、公司业绩与非生产性支出——基于国有上市公司的经验证据 [J]. 金融研究, 2012 (6): 139-153.

[215] 罗党论, 黄琼宇. 民营企业的政治关系与企

业价值 [J]. 管理科学, 2008, 21 (6): 21-28.

[216] 罗党论, 刘晓龙. 政治关系、进入壁垒与企业绩效——来自中国民营上市公司的经验证据 [J]. 管理世界, 2009 (5): 97-106.

[217] 罗党论, 唐清泉. 政治关系、社会资本与政策资源获取 [J]. 世界经济, 2009 (7): 84-96.

[218] 罗党论, 甄丽明. 民营控制、政治关系与企业融资约束——基于中国民营上市公司的经验证据 [J]. 金融研究, 2008 (12): 164-178.

[219] 罗宏, 黄敏, 周大伟, 刘宝华. 政府补助、超额薪酬与薪酬辩护 [J]. 会计研究, 2014 (1): 42-48, 95.

[220] 罗莉, 胡耀丹. 内部控制对上市公司高管薪酬黏性是否有抑制作用？——来自沪深两市 A 股经验证据 [J]. 审计与经济研究, 2015, 30 (1): 26-35.

[221] 罗明津, 铁瑛. 企业金融化与劳动收入份额变动 [J]. 金融研究, 2021 (8): 100-118.

[222] 罗明新, 马钦海, 胡彦斌. 政治关联与企业技术创新绩效——研发投资的中介作用研究 [J]. 科学学研究, 2013 (6): 938-947.

[223] 罗文, 徐光瑞. 中国工业发展质量研究 [J]. 中国软科学, 2013 (1): 50-60.

[224] 罗小兰. 我国最低工资标准农民工就业效应分析——对全国地区及行业的实证研究 [J]. 财经研究, 2007 (11): 114-123.

[225] 罗长远, 陈琳. 融资约束会导致劳动收入份额下降吗? [J]. 金融研究, 2012 (3): 29-42.

[226] 马光荣. 制度, 企业生产率与资源配置效率——基于中国市场化转型的研究 [J]. 财贸经济, 2014 (8): 104-114.

[227] 马广奇, 崔西桃. 共同富裕视域下劳动密集型企业员工人数对薪酬差距的影响 [J]. 经济研究导刊, 2023 (7): 13-17.

[228] 毛其淋, 杨琳羿. 贸易政策不确定性与劳动收入份额——来自中国制造业的微观证据 [J]. 山西大学学报 (哲学社会科学版), 2022, 45 (4): 118-134.

[229] 毛寿龙. 中国政商关系的理论逻辑与未来趋势 [J]. 人民论坛, 2016 (28): 12-17.

[230] 苗妙, 汪小慧. 多个大股东与企业内部薪酬差距 [J]. 制度经济学研究, 2022, 75 (1): 48-71.

[231] 缪毅, 胡奕明, 符栋良. 内部薪酬差距、公平认知与员工生产效率 [J]. 投资研究, 2016, 35 (3): 43-57.

[232] 宁光杰. 中国市场化进程中的工资形成机制——来自各省面板数据的证据 [J]. 财经研究, 2007 (2):

119-131.

[233] 潘越, 戴亦一, 李财喜. 政治关联与财务困境公司的政府补助 [J]. 南开管理评论, 2009 (5): 6-17.

[234] 钱爱民, 付东. 供给侧改革、金融关联与企业产能过剩 [J]. 吉林大学社会科学学报, 2017, 57 (3): 17-30, 204.

[235] 钱明辉, 李天明, 何滨舟. 我国中央企业上市公司薪酬差距与管理绩效关系研究 [J]. 软科学, 2017, 31 (4): 37-41.

[236] 邱子迅, 周亚虹. 数字经济发展与地区全要素生产率——基于国家级大数据综合试验区的分析 [J]. 财经研究, 2021, 47 (7): 4-17.

[237] 饶品贵, 徐子慧. 经济政策不确定性影响了企业高管变更吗？[J]. 管理世界, 2017 (1): 145-157.

[238] 饶品贵, 岳衡, 姜国华. 经济政策不确定性与企业投资行为研究 [J]. 世界经济, 2017, 40 (2): 27-51.

[239] 任保平, 李禹墨. 新时代我国高质量发展评判体系的构建及其转型路径 [J]. 陕西师范大学学报 (哲学社会科学版), 2018, 47 (3): 105-113.

[240] 任保平, 文丰安. 新时代中国高质量发展的

判断标准决定因素与实现途径[J].改革,2018(4):5-16.

[241]邵剑兵,李威.高管薪酬差距、战略变革与企业绩效:管理层权力的调节作用[J].商业研究,2017(11):88-96.

[242]邵敏,黄玖立.外资与我国劳动收入份额——基于工业行业的经验研究[J].经济学(季刊),2010(4):1189-1210.

[243]佘硕,王巧,张阿城.技术创新、产业结构与城市绿色全要素生产率——基于国家低碳城市试点的影响渠道检验[J].经济与管理研究,2020,41(8):44-61.

[244]申慧慧,于鹏,吴联生.国有股权、环境不确定性与投资效率[J].经济研究,2012(7):113-126.

[245]沈洪涛,周艳坤.环境执法监督与企业环境绩效:来自环保约谈的准自然实验证据[J].南开管理评论,2017,20(6):73-82.

[246]沈奇,泰松,葛笑春,宋程成.合法性视角下制度压力对CSR的影响机制研究[J].科研管理,2014,35(1):123-130.

[247]盛斌,郝碧榕.企业规模、市场集中度与劳动收入份额[J].产业经济研究,2021(1):1-14.

[248] 盛明泉, 戚昊辰. 高管薪酬差距与资本结构动态调整研究 [J]. 商业经济与管理, 2014 (12): 32-38.

[249] 盛明泉, 周洁. 内部薪酬差距与企业竞争力 [J]. 会计之友, 2017 (17): 74-82.

[250] 盛明泉. 高管薪酬差距与企业全要素生产率 [J]. 河北经贸大学学报, 2019, 40 (2): 81-89.

[251] 盛明泉, 汪顺, 商玉萍. 金融资产配置与实体企业全要素生产率:"产融相长"还是"脱实向虚" [J]. 财贸研究, 2018 (10): 87-97.

[252] 施新政, 高文静, 陆瑶, 等. 资本市场配置效率与劳动收入份额——来自股权分置改革的证据 [J]. 经济研究, 2019, (12): 21-37.

[253] 宋敏, 周鹏, 司海涛. 金融科技与企业全要素生产率——"赋能"和信贷配给的视角 [J]. 中国工业经济, 2021 (4): 138-155.

[254] 宋强. 从人口红利到改革红利——推动经济向高质量发展 [J]. 金融与经济, 2019 (8): 93-96.

[255] 苏梽芳, 陈昌楠, 蓝嘉俊. "营改增" 与劳动收入份额: 来自中国上市公司的证据 [J]. 财贸经济, 2021, 42 (1): 44-61.

[256] 孙中伟, 舒玢玢. 最低工资标准与农民工工资——基于珠三角的实证研究 [J]. 管理世界,

2011（8）：45-56.

[257] 唐建新，卢剑龙，余明桂. 银行关系、政治联系与民营企业贷款——来自中国民营上市公司的经验证据 [J]. 经济评论，2011（3）：51-58.

[258] 唐松，赖晓冰，黄锐. 金融科技创新如何影响全要素生产率：促进还是抑制？——理论分析框架与区域实践 [J]. 中国软科学，2019（7）：134-144.

[259] 陶国庆. 政府寻租行为分析及治理对策 [J]. 生产力研究，2011（6）：126-128.

[260] 田国强. 中国经济高质量发展的政策协调与改革应对 [J]. 学术月刊，2019，51（5）：32-38.

[261] 田利辉，张伟. 政治关联影响我国上市公司长期绩效的三大效应 [J]. 经济研究，2013（11）：71-86.

[262] 万江滔，魏下海. 最低工资规制对企业劳动收入份额的影响——理论分析与微观证据 [J]. 财经研究，2020，46（7）：64-78.

[263] 汪冲，宋尚彬. 研发投入激励对劳动收入份额的影响研究——基于人才集聚和收益共享视角 [J]. 财政研究，2022（9）：75-88.

[264] 汪宏华，安亚人. "亲""清"新型政商关系能抑制企业盈余操控吗——来自A股上市公司的经验证据 [J]. 中国地质大学学报（社会科学版），2023（3）：

141-156.

[265] 汪伟,郭新强,艾春荣. 融资约束、劳动收入份额下降与中国低消费 [J]. 经济研究,2013 (11): 100-113.

[266] 汪宗顺,郑军,汪发元. 产业结构、金融规模与经济高质量发展——基于长江经济带11省市的实证 [J]. 统计与决策,2019,35 (19): 121-124.

[267] 王浩. 混合所有制、股权激励行权限制与全要素生产率 [J]. 经济经纬,2022,39 (2): 120-130.

[268] 王红建,李青原,邢斐. 经济政策不确定性、现金持有水平及其市场价值 [J]. 金融研究,2014 (9): 53-68.

[269] 王杰,刘斌. 环境规制与企业全要素生产率——基于中国工业企业数据的经验分析 [J]. 中国工业经济,2014 (3): 44-56.

[270] 王茂斌,孔东民. 反腐败与中国公司治理优化:一个准自然实验 [J]. 金融研究,2016 (8): 159-174.

[271] 王全景. 政策不确定性抑制了企业创新?——基于地方官员变更视角的实证分析 [J]. 经济经纬,2018,35 (5): 94-100.

[272] 王帅. 法治,善治与规制——亲清政商关系的三个面向 [J]. 中国行政管理,2019 (8): 99-

104，150.

[273] 王雄元，黄玉菁. 外商直接投资与上市公司职工劳动收入份额：趁火打劫抑或锦上添花 [J]. 中国工业经济，2017（4）：135－154.

[274] 王永进，盛丹. 政治关联与企业的契约实施环境 [J]. 经济学（季刊），2012，11（4）：1193－1218.

[275] 王玉龙，鄢翔，罗希. 机构投资者与投资效率——来自深沪A股定向增发公司的经验证据 [J]. 会计论坛，2021（1）：20－46.

[276] 魏江，赵齐禹，刘洋. 新型政商关系和企业业绩稳健性：来自上市公司的证据 [J]. 管理工程学报，2021，35（4）：1－13.

[277] 魏杰，谭伟. 企业影响政府的轨道选择 [J]. 经济理论与经济管理，2004（12）：5－10.

[278] 魏下海，董志强，刘愿. 政治关系、制度环境与劳动收入份额——基于全国民营企业调查数据的实证研究 [J]. 管理世界，2013（5）：35－46，187.

[279] 魏章进，陈树德. 最低工资标准提升对工资收入的影响——基于CHNS数据的实证研究 [J]. 特区经济，2021（9）：91－97.

[280] 文雁兵，陆雪琴. 中国劳动收入份额变动的决定机制分析——市场竞争和制度质量的双重视角 [J].

经济研究, 2018 (9): 83-98.

[281] 吴超鹏, 金溪. 社会资本、企业创新与会计绩效 [J]. 会计研究, 2020 (4): 45-57.

[282] 吴昊旻, 墨沈微, 孟庆玺. 公司战略可以解释高管与员工的薪酬差距吗? [J]. 管理科学学报, 2018, 21 (9): 105-117.

[283] 吴秋生, 王玲芝. 创新驱动发展与企业劳动收入份额 [J]. 南京审计大学学报, 2022 (6): 42-51.

[284] 吴文锋, 吴冲锋, 刘晓薇. 中国民营上市公司高管的政府背景与公司价值 [J]. 经济研究, 2008 (7): 130-141.

[285] 吴云. 西方激励理论的历史演进及其启示 [J]. 学习与探索, 1996 (6): 89-93.

[286] 吴文锋, 吴冲锋, 芮萌. 中国上市公司高管的政府背景与税收优惠 [J]. 管理世界, 2009 (3): 134-142.

[287] 伍山林. 劳动收入份额决定机制: 一个微观模型 [J]. 经济研究, 2011 (9): 55-68.

[288] 夏广瑞. 新型政商关系对地方税收收入的影响——基于我国248个地级市的实证分析 [J]. 财政科学, 2020 (6): 98-112.

[289] 夏宁, 董艳. 高管薪酬、员工薪酬与公司的成

长性——基于中国中小上市公司的经验数据 [J]. 会计研究, 2014 (9): 89-95, 97.

[290] 肖继辉. 我国上市公司经理报酬水平的制度特征研究 [J]. 财贸研究, 2005 (5): 75-81.

[291] 肖士盛, 孙瑞琦, 袁淳, 孙健. 企业数字化转型、人力资本结构调整与劳动收入份额 [J]. 管理世界, 2022 (12): 220-235.

[292] 肖土盛, 董启琛, 张明昂, 许江波. 竞争政策与企业劳动收入份额——基于《反垄断法》实施的准自然实验 [J]. 中国工业经济, 2023 (4): 117-135.

[293] 肖曙光, 彭文浩, 黄晓凤. 当前制造业企业的融资约束是过度抑或不足——基于高质量发展要求的审视与评判 [J]. 南开管理评论, 2020, 23 (2): 85-97.

[294] 肖文, 薛天航. 劳动力成本上升、融资约束与企业全要素生产率变动 [J]. 世界经济, 2019, 42 (1): 76-94.

[295] 谢廷宇, 张玲瑜. 经济政策不确定性对就业率的影响研究——来自21个经济体的经验证据 [J]. 华东经济管理, 2020, 34 (1): 86-93.

[296] 熊程博. 高管团队薪酬差距与企业过度投资 [J]. 软科学, 2017 (1): 101-104.

[297] 熊家财, 刘充, 章卫东. 数字金融发展与劳动收入份额提升——来自上市公司的经验证据 [J]. 经

济评论, 2022 (6): 100-113.

[298] 修宗峰, 顾宇鹏, 殷敬伟. 嵌入式党建降低了国有企业薪酬差距吗? [J]. 财经论丛, 2023 (2): 55-67.

[299] 徐高彦, 曹俊颖, 陶颜, 李佳馨. 高管—员工薪酬差距、资产紧缩策略与危机企业反转 [J]. 会计研究, 2018 (10): 58-65.

[300] 徐盈之, 童皓月. 金融包容性、资本效率与经济高质量发展 [J]. 宏观质量研究, 2019 (2): 114-130.

[301] 严若森, 钱晶晶, 祁浩. 公司治理水平、媒体关注与企业税收激进 [J]. 经济管理, 2018, 40 (7): 20-38.

[302] 杨德明, 陈玉秀. 高管薪酬影响了审计师监督吗? ——基于我国资本市场薪酬乱象的研究 [J]. 会计与经济研究, 2013 (3): 18-26.

[303] 杨典. 构建新型政商关系: 改革、法治与反腐 [J]. 中国纪检监察, 2020 (19): 7-9.

[304] 杨伽伦, 朱玉杰. 薪酬管制、企业内部薪酬差距与创新: 来自制造业的证据 [J]. 经济学报, 2020, 7 (4): 122-155.

[305] 杨兰品, 孙孟鸽. 政商关系演进的创新效应研究——基于不同所有制企业比较的视角 [J]. 经济体

制改革，2020（2）：194-199.

[306] 杨雄胜. 内部控制理论研究新视野 [J]. 会计研究，2005（7）：49-51.

[307] 杨志强，王华. 公司内部薪酬差距、股权集中度与盈余管理行为——基于高管团队内和高管与员工之间薪酬的比较分析 [J]. 会计研究，2014（6）：57-65，97.

[308] 杨竹清，陆松开. 企业内部薪酬差距、股权激励与全要素生产率 [J]. 商业研究，2018（2）：65-72.

[309] 姚惠泽，田泽，张丽艳. 结构转型与外资规模是否影响了居民的劳动收入 [J]. 经济问题，2013（5）：28-31，48.

[310] 叶陈刚，王孜，武剑锋. 公司治理、政治关联与环境绩效 [J]. 当代经济管理，2016，38（2）：19-25.

[311] 伊志宏，申丹琳，江轩宇. 分析师乐观偏差对企业创新的影响研究 [J]. 管理学报，2018，15（3）：382-391.

[312] 游家兴，徐盼盼，陈淑敏. 政治关联、职位壕沟与高管变更：来自中国财务困境上市公司的经验证据 [J]. 金融研究，2010（4）：128-143.

[313] 于传荣，王若琪，方军雄. 新《劳动合同法》

改善了上市公司的创新活动吗?[J].经济理论与经济管理,2017(9):87-100.

[314] 于蔚,汪淼军,金祥荣.政治关联和融资约束:信息效应与资源效应[J].经济研究,2012,47(9):125-139.

[315] 于文超,梁平汉,高楠.公开能带来效率吗?——政府信息公开影响企业投资效率的经验研究[J].经济学(季刊),2020,19(3):1041-1058.

[316] 余明桂,回雅甫,潘红波.政治联系、寻租与地方政府财政政策有效性[J].经济研究,2010(3):65-77.

[317] 余明桂,潘红波.政治关系,制度环境与民营企业银行贷款[J].管理世界,2008(8):9-21.

[318] 袁宝龙,李琛.环境规制政策下创新驱动中国工业绿色全要素生产率研究[J].产业经济研究,2018(5):101-113.

[319] 詹新宇,苗真子.地方财政压力的经济发展质量效应——来自中国282个地级市面板数据的经验证据[J].财政研究,2019(6):57-71.

[320] 张曾莲,徐方圆.董事高管责任保险与企业高质量发展——基于代理成本和创新激励视角[J].华东经济管理,2021,35(2):78-86.

[321] 张敦力,李四海.社会信任、政治关系与民

营企业银行贷款 [J]. 会计研究, 2012 (8): 17-24.

[322] 张国清, 马丽, 黄芳. 习近平"亲清论"与建构新型政商关系 [J]. 中共中央党校学报, 2016, 20 (5): 5-12.

[323] 张慧勋. 市场化对中国劳动收入占比影响研究——基于技术进步偏向视角 [J]. 经济研究导刊, 2020 (9): 1-2.

[324] 张军扩. 推动高质量发展要弘扬企业家精神 [J]. 中国邮政, 2018 (8): 62-64.

[325] 张莉, 李捷瑜, 徐现祥. 国际贸易、偏向型技术进步与要素收入分配 [J]. 经济学 (季刊), 2012, 11 (1): 409-428.

[326] 张敏, 张胜, 王成方, 申慧慧. 政治关联与信贷资源配置效率——来自我国民营上市公司的经验证据 [J]. 管理世界, 2010 (11): 143-153.

[327] 张庆昌, 李平. 生产率与创新工资门槛假说: 基于中国经验数据分析 [J]. 数量经济技术经济研究, 2011 (11): 3-21.

[328] 张彤进, 任碧云. 包容性金融发展与劳动收入份额的关系: 来自中国的经验证据 [J]. 南开经济研究, 2016 (3): 90-105.

[329] 张璇, 刘贝贝, 汪婷, 李春涛. 信贷寻租、融资约束与企业创新 [J]. 经济研究, 2017 (5): 161-

174.

[330] 张燕, 刘维奇. 劳动收入份额、内外环境与企业绩效 [J]. 经济问题, 2023 (4): 122-129.

[331] 张泽南, 马永强. 市场化进程、薪酬差距与盈余管理方式选择 [J]. 山西财经大学学报, 2014, 36 (7): 91-104.

[332] 张昭, 马草原, 王爱萍. 资本市场开放对企业内部薪酬差距的影响——基于"沪港通"的准自然实验 [J]. 经济管理, 2020, 42 (6): 172-191.

[333] 张正堂, 李欣. 高层管理团队核心成员薪酬差距与企业绩效的关系 [J]. 经济管理, 2017 (2): 16-25.

[334] 章琳一, 张洪辉. 高管晋升激励与审计意见——基于中介效应模型的检验 [J]. 会计论坛, 2021, 20 (1): 143-160.

[335] 章永奎, 冯文滔, 杜兴强. 政治联系、薪酬差距与薪酬黏性——基于民营上市公司的经验证据 [J]. 投资研究, 2013, 32 (6): 127-143.

[336] 赵波. 企业员工分配公平感及管理建议 [J]. 湖南大学学报 (社会科学版), 2000 (S1): 12-15.

[337] 赵宸宇, 王文春, 李雪松. 数字化转型如何影响企业全要素生产率 [J]. 财贸经济, 2021, 42 (7): 114-129.

[338] 赵健梅, 王晶, 张雪. 非执行董事对超额薪酬影响研究——来自中国民营上市公司的证据证券 [J]. 证券市场导报, 2017 (10): 20-25, 59.

[339] 郑军, 林钟高, 彭琳. 高质量的内部控制能增加商业信用融资吗?——基于货币政策变更视角的检验 [J]. 会计研究, 2013, 6 (3): 62-68.

[340] 钟覃琳, 陆正飞, 袁淳. 反腐败、企业绩效及其渠道效应——基于中共十八大的反腐建设的研究 [J]. 金融研究, 2016 (9): 161-176.

[341] 周建, 方刚, 刘小元. 外部制度环境、内部治理结构与企业竞争优势——基于中国上市公司的经验证据 [J]. 管理学报, 2010 (7): 963-971.

[342] 周俊, 张艳婷, 贾良定. 新型政商关系能促进企业创新吗?——基于中国上市公司的经验数据 [J]. 外国经济管理, 2020 (5): 74-89, 104.

[343] 周黎安. "官场+市场"与中国增长故事 [J]. 社会杂志, 2018, 38 (2): 1-45.

[344] 周明海, 肖文, 姚先国. 企业异质性、所有制结构与劳动收入份额 [J]. 管理世界, 2010 (10): 24-33.

[345] 周学军, 易蓉. 探讨公平理论在薪酬管理中的应用 [J]. 经济与管理, 2004 (12): 50-52.

[346] 朱冰, 张晓亮, 郑晓佳. 多个大股东与企业

创新 [J]. 管理世界, 2018 (7): 151-165.

[347] 庄旭东, 张翼飞. 新型政商关系的投资效率治理效应研究——来自中国 A 股市场的经验证据 [J]. 证券市场导报, 2021 (12): 66-76.

[348] 邹薇, 袁飞兰. 劳动收入份额、总需求与劳动生产率 [J]. 中国工业经济, 2018 (2): 5-23.

后　记

本书是在我的博士论文基础上修改而成。回顾2023年，在南京大学六年的博士生活接近尾声，二十多年的求学生涯也即将结束，内心从兴奋激动到依依不舍。回想起大学学习中未曾想有一天会读硕士研究生一样，在考入南京大学前，我从未奢想过自己能够进入这样一所著名学府，在著名的专业和著名的导师一起学习和交流。然而生活就是这样，我不断地进行学习，继而工作，又继续学习，最终居然读到了博士研究生。回想起博士入学之时，雄心壮志，意气风发，那种为科研奋斗终身的豪情壮志不时涌上心头。然而，博士之路并不容易，博士论文写作过程非常艰辛，尤其是在不惑之年再次读书，身心要经受更多的煎熬和忍耐。不过得益于我的恩师冯巧根教授，是冯老师在六年前接纳并悉心指导我开展博士论文工作。在冯老师的谆谆教诲之下，我逐渐明白了做学术研究的正确方式与方法，也逐渐看到了一名有坚定理想和高尚道德情操的学者的气度和风范。

在学习方面，恩师给我提供了非常好的学习环境和学习平台，并且支持我出去参加会议，这不仅对我的学术水平有所增益，而且使我的视野更加宽广，也让我与同领域的学者有了更深入的了解和交流。冯老师治学严谨的态度让我敬佩，深深记得，他曾多次在百忙之中抽空出来给我指导论文，尤其是写作思路、框架构建以及写作规范。冯老师经常教导我，"不能只低头拉车，不抬头看路"，做研究要有学术敏感性，多关注国家重要战略和政策，学术研究要服务于国家战略需求。另外，在教学中，冯老师的治学理念和人生态度也让我非常敬佩，他不仅教会我做学术研究要有耐心、要有毅力，还教会我做一个有担当、有责任和谦虚的人。另外，感谢南京大学各位任课教师，每次授课都让我受益匪浅，让我不仅开阔了视野，也深入了解学术前沿，对论文选题和研究方法的掌握都有很大的帮助。各位老师博学的知识和观察问题的视野，也间接影响了我对孩子的教育。

感谢我工作单位的李现宗教授、张功富教授及王秀芬教授，在你们的鼓励和推荐下我得以继续攻读博士学位；感谢我的挚友李春芝女士，她不仅给予我财力上的支持，也不断地给予我精神鼓舞，才让我的博士生涯有始有终。感谢周雪峰、王谊老师，对论文交流不厌其烦。感谢我的爱人李建新先生，与他相识相知相爱，在求学生涯中能有幸遇见他，是我一生的骄傲与荣幸，感谢他的包容与理解，当我被拒稿后变得消沉和颓废时，是他不断地支持我、鼓励我，使我得

后　记

以继续完成学业。感谢我的婆婆帮忙照顾孩子，让我腾出更多的精力进行学习和研究。感谢我已故的父亲，他的乐观开朗，踏实认真，吃苦耐劳的品质一直影响着我，是我克服困难，努力前进的精神动力，我将永远铭记。

杨红娟

2025 年 5 月 19 日